Frecce

Giulio Tremonti

RISCHI FATALI

L'Europa vecchia, la Cina, il mercatismo suicida: come reagire

MONDADORI

Dello stesso autore
in edizione Mondadori

Il fantasma della povertà
con Edward N. Luttwak e Carlo Pelanda

www.librimondadori.it

ISBN 88-04-55011-2

I edizione settembre 2005

Indice

Rischi fatali

I

Lo scenario

1989, 1994. 9 novembre 1989, 15 aprile 1994.

Sono le due date che hanno cambiato la struttura e la velocità del mondo in cui viviamo.

Sono due date diverse. Ma vanno messe insieme. Perché compongono un blocco unico intorno a cui è girata con improvviso tornante la storia.

La cosa che fa effetto è che mentre la prima data è piuttosto famosa, all'opposto la seconda è piuttosto misteriosa. Eppure la seconda data non è meno importante della prima. È una data fredda. Ma è anche lei una data storica.

La prima data è la data-madre. La data del crollo del muro di Berlino. Il *big-bang* della storia contemporanea.

La seconda data è la data-figlia. La data della stipula a Marrakech, in Marocco, dell'accordo WTO (World Trade Organization) sul libero commercio mondiale. Dopo, il mondo non sarebbe stato più, e non è più, come prima.

Tre volte cinque. Nei primi cinque anni (1989-1994) sono state poste le basi della «rivoluzione». Poi sono venuti altri cinque anni (1995-2000) di applicazione, di carica, di naturale progressiva accumulazione.

Infine, proprio al principio di questo secolo, nell'autunno del 2001, le forze messe in campo nel 1994 si sono scatenate. Su due diverse onde di ritorno.

Il mondo arabo ha reagito in negativo. Cos'altro sono infatti e come si «legittimano», dentro il mondo arabo, l'«11 settembre» 2001 a New York e poi l'«11 marzo» 2004 a Madrid e il «7 luglio» 2005 a Londra, l'assolutismo fanatico e il terrorismo, se non come reazione contro l'empietà blasfema della società occidentale nella sua proiezione commerciale globale e neocoloniale? E cos'altro è questa reazione, se non una forma barbarica di difesa dell'identità, della tradizione, della memoria?

Cose e persone di cui insieme si permette all'improvviso la libera circolazione sono vettori che, quanto più è radicalmente conservatrice la parte del mondo che si vuole aperta, tanto più producono squassi culturali, shock identitari, reazioni autoimmunitarie.

Solo per illusione si poteva pensare che le novità portate e create nel mondo dal mercato unico fossero tutte novità positive. Che ne derivasse solo il bene. Che non si scatenasse anche il male.

Nel mondo ha fatto invece il suo ingresso una cosa nuovissima e anzi vecchissima: la paura.

Perché l'effetto esterno del mercato unico, l'incertezza identitaria, prima erode le vecchie sicurezze, i vecchi codici di appartenenza a un territorio, a una storia, a una fede. E poi e per reazione scatena forze primordiali. Forze che prima vivisezionano il nuovo, per conoscerlo. Poi mirano a distruggerlo, per ripristinare il vecchio.

Il mondo asiatico ha invece reagito in positivo. Dopo il muro di Berlino è caduto anche il muro di Pechino.

Qui di seguito si parla in specie di Cina, per dire Asia. Essendo dell'Asia la Cina, più ancora dell'India e di altri Paesi, il caso forte. Il caso potenzialmente fatale.

Il negoziato Unione europea-Cina sul WTO viene chiuso il 19 maggio 2000. A questo punto per i singoli Stati europei l'adesione è un atto dovuto, dato che il commercio estero, proiezione esterna del mercato interno, è di specifica competenza europea. Per suo conto la Cina diventa membro del WTO l'11 dicembre 2001.

Per integrare il mercato europeo ci sono voluti alcuni decenni. Il Trattato di Roma è infatti del 1957. Ma le frontiere interne europee sono definitivamente cadute solo all'alba del 1° gennaio 1993. Per trasformare il mondo in un mercato unico sono invece bastati solo cinque anni.

In ogni caso, è soltanto una coincidenza se l'11 dicembre 2001 viene appena tre mesi dopo l'11 settembre?

È così che inizia la nuova storia.

E si avvera la profezia di Napoleone: «Quando la Cina si sveglierà, il mondo tremerà». Nel 1816, Napoleone aveva in mente soprattutto uno scenario di masse militari in movimento. Non uno scenario economico. Certo, al principio dell'Ottocento il prodotto interno lordo della Cina era già più o meno uguale a quello dell'Occidente. Ma era un prodotto soprattutto agrario e dunque essenzialmente statico. Un prodotto chiuso da millenni e per millenni nei suoi confini. E aperto solo a partire dal terzo e dal quarto decennio dell'Ottocento e unilateralmente, sotto la pressione dell'industria europea. Pare adesso un'ironia della storia quello che si trova scritto nel *Manifesto* di Marx-Engels (1848): «I bassi prezzi delle merci sono la pesante artiglieria con la quale l'industria europea atterra tutte le muraglie cinesi!».

Dopo un secolo e mezzo, il pendolo torna indietro. Nella direzione opposta. Da Oriente a Occidente. È solo ora, se pure in termini mercantili, più che militari (per ora), che si fanno dunque pieni il senso e il contenuto politico di quella antica profezia.

A metà di questo nuovo secolo, nel 2050 secondo le proiezioni più prudenti, la Cina sarà (potrebbe essere) infatti non solo la prima o la seconda potenza economica, ma anche la prima o la seconda potenza politica del mondo.

Non solo la «fabbrica del mondo». Ma appunto una grande potenza. Non solo manifattura a basso costo, ma anche tecnologia, banche, finanza e politica, popolazione e proiezione militare. A metà secolo la Cina sarà comunque più forte. E l'Europa, se non si sveglia, più debole. Prima era l'Europa che sfruttava il suo vantaggio sul resto del mondo. Ora è il contrario. È il resto del mondo, soprattutto la Cina, che sfrutta la debolezza dell'Europa. La colpa non è della Cina. La colpa è dell'Europa. E l'11 settembre non c'entra niente. L'11 settembre è stato in America. Ma subito dopo, assorbito il colpo, l'America e il resto del mondo, dall'Atlantico al Pacifico, sono ripartiti alla grande. È l'Europa che si è fermata. Da sola.

Se continua così l'assetto futuro del mondo sarà linearmente semplificato in un nuovo bipolarismo: USA-Cina. Da un lato gli USA, che sono in crescita continua, tanto come popolazione quanto e soprattutto come tecnologia. E che, per la loro posizione strategica, possono fare l'arbitraggio tra i due oceani più grandi. Dall'altro lato la Cina, con le sue «megacifre», prima interne e poi esterne.

Sulla lunga durata si possono anche fare ipotesi diverse, sull'assetto geopolitico del mondo. Anche ipotesi di rottura drammatica. Ma quella di un prossimo venturo bipolarismo USA-Cina è l'ipotesi più probabile. Se l'Europa resta ferma, in un mondo che si muove sempre più velocemente.

Non è l'Europa che è entrata nella globalizzazione. È la globalizzazione che è entrata in Europa. Trovandola impreparata.

Da un lato, l'Europa è entata nella globalizzazione in maniera suicida.

In un mondo dominato dal mercato unico, campo di applicazione di grandi forze, abbiamo messo tutte le competenze e le funzioni che sono strategiche per il futuro, le competenze e le funzioni in materia di commercio estero, proprio nella struttura più debole: l'Europa.

La Commissione europea è nata infatti e si è sviluppata essenzialmente per fare arbitraggi di carattere interno: «Europa su Europa». E non per tutelare e proiettare all'esterno i nostri interessi.

Gli altri Paesi, i nostri concorrenti, vanno nel WTO con il loro governo. L'Europa ci va con un «commissario». Dietro il quale c'è un inefficiente meccanismo di burocrazia politica.

l'Europa doveva creare un suo strumento forte e specifico per il WTO. Non lo ha fatto e non ci pensa.

Dall'altro lato, l'Europa era ed è impreparata davanti alla globalizzazione.

Il mondo non aspetta l'Europa. Se continua così l'Europa, debole politicamente e sempre più debole economicamente, sarà spiazzata. Dopo l'età dell'oro, che va dagli anni Cinquanta agli anni Novanta, stanno infatti arrivando in Europa tempi di ferro. Non occorre aspettare il 2050. Questi ultimi cinque anni (2001-2005) sono più che sufficienti per capirlo.

È finita la seconda «Belle Epoque». E dunque, se non interrompiamo subito il nostro festoso, comunitario «Ballo Excelsior», il grande ballo che ai primi del Novecento portò un'Europa irresponsabile alla sua prima catastrofe, se non reagiamo alla dolce morte del declino assistito, finanziato dalla grande ricchezza che abbiamo accumulato nei decenni scorsi, se non ci svegliamo, le uniche certezze che abbiamo sono certezze negative.

Abbiamo già perso molto. Non dobbiamo perdere tutto. Perderemo tutto se, nell'illusione di poter ancora essere un'isola felice, continuiamo come se niente fosse successo nel mondo. C'è un punto che è diventato (o è sempre stato?) centrale nel divenire del mondo. E ora è cruciale nel declinare dell'Europa. Questo punto è nell'economia. L'Europa si occupa troppo e male del mercato e della concorrenza interna, troppo poco, ma comunque male, del mercato e della concorrenza esterna. Così facendo conserveremo l'agricoltura, perderemo la manifattura. Conserveremo l'agricoltura, perché è protetta. Perderemo la manifattura, non solo perché è spiazzata dalla concorrenza esterna, ma anche perché è sabotata e proprio dall'interno. Abbiamo già 20 milioni di disoccupati. Poco rispetto a quello che ci aspetta. Per questa via diventeremo un museo economico.

Gli effetti non saranno limitati all'economia, ma estesi alle finanze pubbliche. E di qui alle condizioni di vita dei popoli europei. Erosi alla base, si sgretoleranno infatti i bilanci degli Stati e con questi gli equilibri sociali.

Meno ricchezza, meno tasse, meno servizi pubblici. Tanto se l'industria scompare, in Europa, quanto se l'industria si «delocalizza», andando via dall'Europa. Se il luogo della produzione e della distribuzione è globale, il luogo della tassazione non può infatti più essere locale. E, quando si va fuori, delle due l'una: le tasse o non si pagano del tutto, perché si diventa apolidi, o non si pagano comunque più in Europa.

Ridotta o esaurita progressivamente la fonte fiscale, rallenterà o si fermerà la macchina sociale.

Il paradigma è la Germania, che ha creato quasi 5

milioni di occupati fuori dai suoi confini, ha simmetricamente quasi 5 milioni di disoccupati nei suoi confini. Ha delocalizzato la produzione e la tassazione industriale, ma conserva localizzato lo Stato sociale. Ha conseguenti enormi difficoltà di tenuta del suo sistema. L'industria da sola non basta.

È l'Europa nel suo insieme che deve ristrutturarsi. Per una ragione molto semplice. Perché nella storia dell'umanità la crescita economica non è stata la regola, ma l'eccezione. La curva dello sviluppo è stata sostanzialmente piatta per secoli. Solo negli ultimi decenni, e solo in Occidente, la curva è andata davvero verso l'alto. Ed è stato proprio su questa base, sulla base della crescita, che è stato strutturato e finanziato il vasto sistema di servizi pubblici per la popolazione che ora conosciamo in Europa. Ma, se la curva della crescita europea torna a essere piatta, il sistema non regge. Come può essere garantito il «Welfare State» europeo, quando a crescere sono il numero degli anziani e i costi di funzionamento, e a scendere sono il numero dei giovani e le cifre dello sviluppo interno?

In Europa l'alternativa politica prossima è perciò tra riduzione o rinunzia ai servizi sociali e ristrutturazione complessiva. La prima ipotesi in alternativa è drammatica e inaccettabile. La seconda è invece necessaria. Sarebbe necessaria anche se non incombesse la Cina. Ma è un dato che la pressione esercitata dalla Cina sulla debolezza dell'Europa drammatizza la situazione. Senza reagire non ci sarà più in Europa un Paese felice.

Non solo. La debolezza dell'Europa non sta solo nella sua struttura costituzionale e nella sua particolare macchina economica. Sta anche e forse soprattutto nel suo clima spirituale e nel suo meccano mentale. Un meccano che non funziona più. Un meccano che anzi ci lavora contro. Perché l'Europa è stata costruita in un mondo diverso. Come un giardino in una serra.

Nel 1994, con il WTO, i vetri della serra sono stati rotti. I giardinieri europei non se ne sono accorti. Hanno continuato a fare come se niente fosse. Come in una chiesa laica, si sono limitati a difendere l'ortodossia e a elaborare accuse, contro quelli che vedevano e pensavano diverso. Accuse di populismo e di xenofobia, di demagogia e di masochismo.

Sempre del resto le posizioni ortodosse si fermano un minuto prima dei problemi. E la verità è negata, più ancora che dalle menzogne, dai miti. E la comodità che si ha nell'esprimere «una opinione» supera normalmente la scomodità che si ha nel formulare un pensiero autonomo.

Solo ora si scrivono frasi come questa: «Popoli più coraggiosi e forti, perché uniti politicamente, si stanno affacciando sulla scena della grande politica mondiale, come la Cina e l'India, che presto dialogheranno alla pari con gli USA, la Russia e il Giappone. Gli Stati nazionali europei, divisi e impotenti, finiranno per perdere insieme alla loro dignità e indipendenza, anche il benessere e la pace» (Movimento federalista europeo, 30 maggio 2005).

Eppure non era difficile prevedere cosa sarebbe successo.

II

Il fantasma della povertà

Nel 1995, subito dopo il WTO, esce un saggio politico intitolato *Il fantasma della povertà* (Mondadori). Uno degli autori di quel saggio è l'autore di questo libro.

Allora non era ancora prevedibile *quando* sarebbe arrivato il fantasma. Allora non si poteva infatti prevedere che la Cina sarebbe entrata nel WTO proprio nel 2001. L'11 dicembre 2001.

Ma già allora era previsto *che* il fantasma sarebbe arrivato e *come* sarebbe arrivato. Per anni quel saggio è stato sostanzialmente ignorato. Come era del resto prevedibile. Si converrà tuttavia che, lette ora, le ipotesi-tesi che vi erano state scritte dieci anni fa fanno un certo effetto (anche a chi scrive). Una selezione:

a) «Le direttrici e le forme del movimento sono diverse, ma l'effetto complessivo è lo stesso: l'Occidente *esporta ricchezza* e *importa povertà*.»

b) «I salari occidentali entrano in concorrenza con quelli orientali senza che i salariati orientali debbano immigrare e venire a lavorare nelle nostre fabbriche. *Non occorre che gli operai si muovano. A muoversi ci pen-*

sano infatti i capitali occidentali che direttamente o indirettamente finanziano le fabbriche orientali. La convenienza a investire capitali dove la manodopera costa pochissimo fa infatti scattare, su scala mondiale, la concorrenza salariale.»

c) «*Gli operai si trovano così stretti nella morsa tra "salari orientali" e "costi occidentali".*» «I salari percepiti dagli operai occidentali tendono a livellarsi verso il basso, appiattendosi sul parametro dei salari orientali. Per contro, il costo dello standard di vita materiale e sociale resta quello occidentale.»

d) «*È in questo modo che la povertà entra nella busta paga dei salariati occidentali.* Ci entra in modo virtuale: attraverso l'applicazione del "parametro concorrenziale", che tende a livellare automaticamente i salari occidentali su quelli orientali ... Il conflitto sociale non è più solo tra operai e robot (la macchina "ruba lavoro"), ma anche tra "operaio occidentale" (la declinante aristocrazia operaia) e "operaio orientale" (il nuovo proletariato). *Nella migliore delle ipotesi, l'operaio orientale fa concorrenza sul salario all'operaio occidentale; nella peggiore, gli ruba il posto di lavoro.*»

e) «Gli occidentali assistono passivamente all'apertura di questo *cantiere di demolizione,* prendendo atto *separatamente* (a) della *mondializzazione dell'economia,* (b) della *crisi dello Stato sociale* ("Welfare State"), (c) della *crisi della politica* ... Non si comprende che gli *anelli spezzati e sparsi a terra appartengono a una stessa catena.*»

f) Non si può competere con l'Asia sulla «*forza lavoro*». Si devono riorganizzare gli Stati. È strategico «*l'investimento pubblico in capitale umano… Sapere au-*

dere.» Per esempio è strategico per lo sviluppo «*l'uso formativo dei network televisivi pubblici*».

Alcuni anni dopo, più precisamente a partire dal 2002, pochi mesi dopo l'ingresso della Cina nel WTO, chi scrive è stato il primo politico occidentale che, andando contro corrente, ha posto il caso della Cina. Lo ha posto non solo in sede nazionale, ma anche e soprattutto in sede internazionale. Il caso della Cina, visto non solo come una «fantastica opportunità», come allora tutti dicevano, ma anche come una incombente «drammatica negatività».

Il caso della Cina fu in specie posto tanto nella sede del G7, il Gruppo dei sette Paesi più industrializzati del mondo, quanto nella sede dell'Ecofin, il Consiglio dei ministri dell'economia d'Europa.

In sede G7, con un successo simbolico: la sostituzione, nei comunicati finali sul contenuto dei lavori, della vecchia formula «*free trade*» (commercio libero), con la nuova formula «*rules based trade*» (commercio basato sulle regole).

In sede Ecofin invece niente.

Perché ho iniziato a parlare di Cina? Non tanto e non solo per via di quel vecchio saggio, scritto ormai dieci anni fa. Quanto perché *venivo* dall'Italia, il Paese che per primo subiva l'impatto violento della concorrenza cinese. Che lo subiva per primo, a causa della sua struttura produttiva: manifattura con alta intensità di manodopera e bassa o solo media intensità di tecnologia. Il fantasma non l'avevo dunque solo previsto nel 1995. L'avevo poi visto arrivare per davvero in Italia, appunto già all'inizio del 2002. E vedevo che, se questa era l'origine e la dinamica dei problemi, il principio di una possibile soluzione non era solo in Italia, ma anche in Europa.

Dicevo dunque ai miei colleghi europei: se per un anno cresce al 9% l'economia di un Paese qualsiasi, è un fantastico fatto economico, per quel Paese. Ma se cresce per molti anni al 9% l'economia di un Paese che ha più di un miliardo e trecento milioni di abitanti, vuole dire che stanno cambiando la struttura e la velocità del mondo. Il primo impatto della Cina è stato sull'Italia. Il secondo sarà su di voi.

Non illudetevi che la Cina si fermi sulla manodopera operaia. La Cina laurea più di un milione di ingegneri. All'anno.

Le classi dirigenti non se ne sono accorte o comunque hanno fatto finta di niente. Soprattutto in Europa.

L'Europa è un continente, è un mercato, ha una moneta. Ma non ha un governo.

E questo è certo un limite. Ma nel tempo presente, non è neppure questo il limite principale.

Non è infatti tanto o solo questione di assenza di un governo europeo. È piuttosto questione di capacità politica. Anche senza un suo governo, e a differenza della *prima* Europa, *questa* Europa è infatti diventata eccessivamente, fatalmente inerte.

Il «fantasma della povertà» comincia a fare paura nelle periferie, nelle fabbriche, nelle campagne. I palazzi di città sono invece ben pronti a riceverlo. Con un variopinto comitato di accoglienza, che va da

Bruxelles alle piazze finanziarie, che conta su politici e burocrati benevoli, su catechisti mercatisti e su futuristi economici, su banchieri apolidi e industriali delocalizzati, su guardiani e patroni, su guaritori e sciacalli.

È sufficiente guardare alla realtà per dire basta con l'ottimismo e con il buonismo europeo.

Le condizioni di fondo ci sono oggettivamente avverse. L'assetto politico ed economico europeo, tanto l'assetto interno dei singoli Stati, quanto l'assetto dell'Europa nel suo aggregato, è infatti un misto confuso tra mercatismo e statalismo. Tra libero mercato, teorizzato ma incompiuto e Stato, demonizzato ma solo dimezzato. Con i difetti del primo senza i vantaggi del secondo. E viceversa. Senza la piena forza economica del mercato e senza la piena forza politica dello Stato. È così che nella competizione globale l'Europa è sistematicamente spiazzata. Spiazzata dalla combinazione tra alto costo del lavoro (il costo del lavoro in Cina è il 5% del costo del lavoro in Europa) e altissimo pur se non quantificabile costo economico delle regole giuridiche, tra sistema politico caotico e benessere tanto diffuso da produrre nella popolazione l'effetto di illusione stupefacente di un benessere perpetuo. In Europa, la manifattura classica sta terminando e la ricerca scientifica sta calando. Un esempio? Delle 20 università migliori del mondo, ormai solo 2 sono europee. Se anche ci sarà dunque qua e là in Europa una ripresa economica congiunturale, resteranno comunque dominanti, nei prossimi decenni, i fattori di crisi strutturale.

Il tempo di sviluppo dei fenomeni in corso non si misura infatti con l'orologio, ma con il calendario.

Basta dunque con la miopia e con gli inganni. Basta per cominciare con la leggenda del possibile salto diretto dell'Europa «dal secondario al terziario».

Non può infatti esistere, su scala continentale, un'economia fatta di solo terziario e perciò di soli servizi. Per quanto avanzati possano essere i nuovi servizi. Su vasta scala, senza il secondario, senza la manifattura, non ci può infatti essere neppure il terziario.

L'«Agenda di Lisbona», il piano europeo scritto per fare dell'Europa «la più dinamica economia del mondo fondata sulla conoscenza e l'innovazione», la «via alta per la competizione», nella sua assoluta e definanziata virtualità, sta poi ai problemi che arrivano come l'aspirina sta al cancro.

Basta con la finzione delle uguali condizioni di mercato. Neghiamo alla Cina lo *status* giuridico internazionale di «economia di mercato». E giustamente, perché è una economia-Stato. Ma concorriamo con la Cina come se invece lo fosse.

Basta ancora con l'illusione che tutto possa essere risolto percorrendo, dopo la via della seta, la «via del lusso». Con soluzioni ispirate, come questa: «Abiti Armani, auto Ferrari e Brunello di Montalcino vanno usati come battistrada... I Paesi dai quali ci sentiamo aggrediti sono Paesi di miliardi di consumatori». Basta dunque con l'arcadia post-moderna dello «slow food».

Basta ancora con la serafica, ricchista promozione dei marchi d'*élite*: «I cinesi hanno fame di lusso»

(Romano Prodi). Certo. Ma forse non va dimenticato il fatto che anche gli operai europei hanno fame di salario.

Già ora, con 120 milioni di giapponesi ricchi, le vendite complessive dall'Italia al Giappone non raggiungono i 2,5 miliardi di euro. Cifra che non è nemmeno un terzo dell'attuale passivo commerciale bilaterale Italia-Cina. L'export italiano verso la Cina è oggi appena superiore a quello verso il Portogallo e, se anche crescesse del 15% all'anno, nel 2030 non avrebbe raggiunto il nostro attuale export verso la Spagna.

Seriamente, non è con l'industria del lusso, che tra l'altro è già per suo conto un'industria fortemente delocalizzata, che si possono reggere l'economia industriale e la finanza pubblica di un Paese.

Basta ancora con la leggenda dei cinesi «potenziali grandi consumatori di prodotti europei». Infatti, se le merci cinesi sono buone per gli europei, allora saranno buone anche per i cinesi.

Basta con la storia del beneficio universale, dello «sconto cinese» di cui tutti i consumatori godrebbero, per effetto del bassissimo prezzo dei prodotti cinesi che possono comprare.

Infatti, se vai a perdere il tuo posto di lavoro, non ti interessa più quel beneficio-sconto sul tuo portafoglio. Ancora per la semplice ragione che il portafoglio non ce l'hai più.

Basta con l'illusione di battere la Cina con la nostra superiorità tecnologica. Perché la Cina non ha solo manodopera su scala quasi illimitata, ma ha anche tecnologia che cresce vertiginosamente. E perciò non si fermerà ad apportare solo la sua forza lavoro.

Basta con la miopia statistica. In un caso come quello della Cina, l'intensità commerciale non si misura infatti in moneta, ma in pezzi.

Un miliardo di euro di export cinese non vale come un miliardo di euro di export europeo. Perché il miliardo di euro cinese contiene una quantità di prodotti enormemente maggiore. Nel caso della Cina le quantità finanziarie e le quantità fisiche non coincidono affatto.

Non solo. La massa cinese di prodotti venduti sottocosto, prima conquista i nostri mercati, poi una volta penetrata massacra le nostre industrie.

Ancora. L'intensità commerciale non va valutata separatamente, nel suo impatto sul rapporto bilaterale tra la Cina e un altro Paese. Per esempio, considerando solo il rapporto commerciale Italia-Cina. La valutazione di intensità commerciale va invece fatta almeno su scala europea.

Perché? Perché se un'impresa italiana vende prodotti in Germania e la Cina la spiazza proprio sul mercato tedesco, conta poco che la dimensione del rapporto bilaterale Italia-Cina o Germania-Cina sia «equilibrata». L'impresa italiana chiude infatti lo stesso, perché è triangolata.

Basta con le bugie. Tipo che i dazi e le quote sono anacronistici, non esistono, non sono possibili, sono vietati. Salvo poi verificare con sorpresa che li mette l'America. O tipo: quote sì, dazi no. Perché se questi strumenti sono tecnicamente diversi, la logica di protezione economica è comunque la stessa.

Basta con le accuse all'industria europea: avevate tempo per accorgervene.

Perché la piccola impresa non legge i trattati internazionali sulle Gazzette Ufficiali. Si limita a vivere giorno per giorno nella realtà materiale. E pochi anni, quanti sono dall'adesione della Cina al WTO a oggi, sono un tempo certo sufficiente per capire. Ma non sufficiente per reagire, per ristrutturare.

Lo stesso vale per il cambio: non puoi passare di colpo dalla svalutazione competitiva a una supervalutazione distruttiva, come è quella dell'euro sullo yuan cinese. Ci vuole tempo, per riallinearsi.

Basta con le provocazioni, tipiche di chi in vita sua non ha mai lavorato: «Non volete che copino i vostri prodotti? Allora cominciate a inventarne di nuovi!».

Certo, anche questo. Ma ancora: ci vuole tempo.

Basta con i «ripensamenti» politici. Del tipo: «È arrivata la manifattura cinese a basso costo e ha sconvolto i nostri calcoli».

Bene i ripensamenti. Ma a volte sarebbe meglio fare i pensamenti.

Basta con la «quinta colonna» della Cina, secondo cui i porti del Mediterraneo dovrebbero «aprirsi all'ingresso delle merci asiatiche» (Romano Prodi).

Basta con le reazioni deboli alla Mandelson. Il commissario europeo al Commercio che, amante tradito dal mercato, ha «ottenuto» dalla Cina una moratoria alla camomilla, solo per il tessile e solo per un tempo brevissimo, dopo aver inviato alle imprese europee aggredite dal dumping cinese questionari non solo tardivi, ma anche complicatissimi da compilare. Fatti come un labirinto. Documenti lunghissimi, che iniziano con un «fornite un organigramma che descriva la struttura gerarchica e organizzativa della vostra azienda...» e finiscono, dopo molte pagine, con l'ipotesi di «una visita dei servizi della Commissione nella vostra sede». Come se da controllare fossero le imprese europee e non quelle cinesi.

Così si fa appunto il gioco cinese. Non l'interesse europeo.

Basta in generale con l'illusione cinese: «Accelerare l'adesione di nuovi membri – a partire dalla conclusione dei negoziati con la Cina – realizzando così quella effettiva dimensione mondiale necessaria per conferire al WTO maggiore autorevolezza» (così Piero Fassino, *Andare oltre Seattle*, Atti della Conferenza nazionale del governo italiano, novembre 1999). Adesso possiamo dire che ci sono riusciti. Chi ha dovuto chiudere la sua impresa, chi rischia di chiuderla, chi ha perso il suo posto di lavoro o rischia di perderlo, chi lotta con tutte le sue forze contro la concorrenza senza regole che viene da oriente, adesso sa chi deve ringraziare. In Italia e in Europa.

Basta, dunque, con la vecchia classe dirigente, che non ha la medicina perché è la malattia. Una classe che, proprio per il bene dell'Europa, non dovrebbe più parlare d'Europa.

Quanto segue non è contro l'Europa. Ma all'opposto per una Europa *diversa*. L'Europa deve cambiare. Per due ragioni. Perché la Cina preme. Perché comunque, così fatta e guidata, questa Europa comunque non sta in piedi.

Negli ultimi anni l'Europa ha perso il suo tocco magico perché è uscita dallo spirito del tempo. Vittima dell'illusione che il tempo fosse fermo. Proiettata verso il futuro, ma disegnata sul passato. Vittima della credenza che l'economia monetaria fosse più importante dell'economia reale. Vittima dell'arroganza delle sue *élites*, che guardavano solo dentro l'Europa e pensavano di vedere meglio e più lontano dei popoli.

In Europa si fa quello che non si dovrebbe fare. E non si fa quello che si dovrebbe fare. Un esempio, per cominciare? Troppe regole e per di più applicate male e in modo unilaterale. L'Europa continua imperterrita a fare troppe regole e dunque a caricare di costi artificiali le industrie e le società civili europee. Soprattutto negli ultimi anni, più il mondo andava verso la globalizzazione, più l'Europa andava verso la regolamentazione. Una prova empirica?

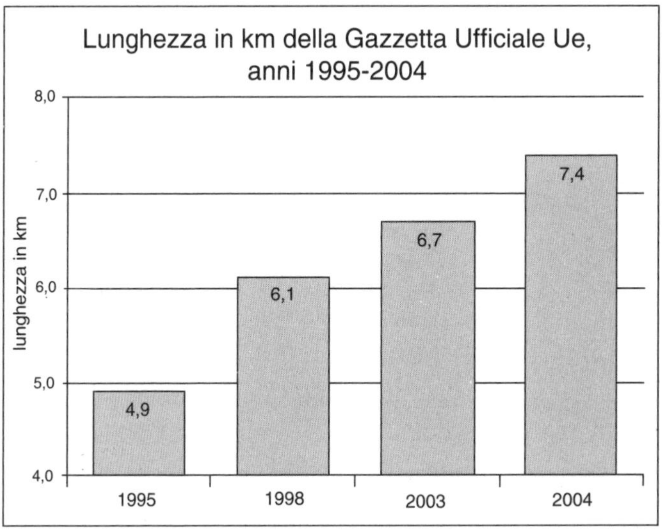

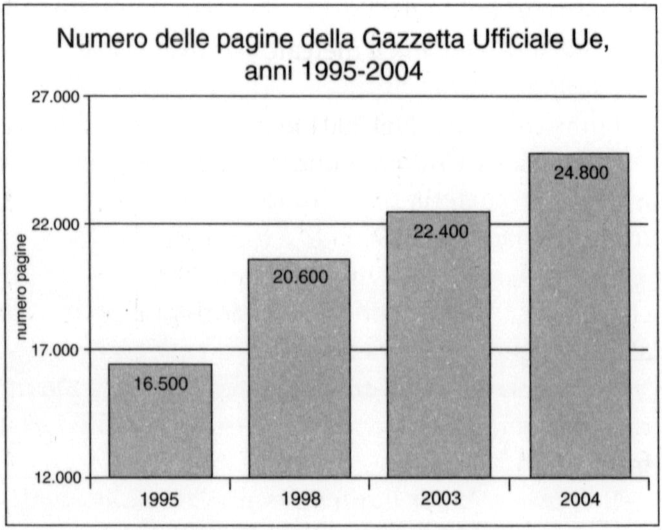

Le regole necessarie sono un investimento. Le regole inutili sono invece un costo. Non solo. Non solo l'Europa ha fatto e continua a fabbricare troppe regole-costi. Fa anche l'uso sbagliato delle regole utili.

L'Europa, soprattutto negli ultimi anni, ha in specie manovrato male i suoi poteri.

Per esempio, un conto è vietare come indebito «aiuto di Stato» il finanziamento-stampella di una industria decotta. È giusto vietarlo. Un conto è invece e per esempio vietare l'incentivo pubblico alle concentrazioni, mirato ad aiutare l'industria europea ad assumere una dimensione maggiore, necessaria per competere su scala globale. Vietarlo è suicida.

Ancora un esempio. Un conto è applicare l'«Antitrust» contro un cartello industriale che danneggia i consumatori. È giusto vietarlo. Un conto è invece applicarlo per disegnare idealmente il mercato europeo.

Quando ormai il termine di riferimento non è più il mercato europeo, ma il mercato mondiale. Continuare a farlo è suicida.

Più in dettaglio. Nel 2004 le decisioni di condanna da parte della Commissione nei confronti dei Paesi membri, in materia di «aiuti di Stato», sono più che triplicate rispetto al 1995 (42 a fronte di 13).

Nell'insieme, per il quinquennio 2000-2004, le decisioni di condanna sono quasi raddoppiate rispetto al quinquennio precedente.

In materia di «Anti-trust», le decisioni di condanna prese nel 2004 sono triplicate rispetto al 1995 (9 a fronte di 3).

Nell'insieme, per il quinquennio 2000-2004, le decisioni di condanna sono più che raddoppiate rispetto al quinquennio precedente.

Senza contare che al danno si è spesso aggiunta la beffa. Perché molte decisioni di condanna adottate dalla Commissione europea sono state a loro volta condannate dalla Corte di giustizia europea.

Cosa succede invece nel resto del mondo?

Mentre il sistema europeo di divieto degli «aiuti di Stato» viene inasprito, la Cina è una economia-Stato e dunque l'idea stessa del divieto di questo tipo di aiuti è in sé inconcepibile. Ancora. Negli USA la spesa militare è tra i principali *driver* dell'economia. Non è anche questo un aiuto di Stato?

Non solo. In Europa abbiamo 25 «Anti-trust». Più l'«Anti-trust» europea. In Cina invece di vero «Anti-trust» non c'è niente. Almeno a guardare i vertiginosi processi di integrazione industriale verticale e orizzontale qui in atto.

Anche negli USA c'è l'«Anti-trust». Ma non fa come quello europeo: si limita a difendere i consumatori, non pretende di costruire il mercato perfetto.

Va notato che tutto ciò è suicida perché il Trattato di Roma non lo impone, consentendo anzi politiche industriali di sostegno.

Tutto ciò è molto rilevante. Ma non è comunque determinante. Ciò che è infatti soprattutto determinante è che l'Europa da un lato fa una solo simbolica protezione verso l'esterno della sua produzione industriale. Dall'altro lato, la sabota internamente. Perché applica unilateralmente le regole europee. Le applica solo sulla produzione industriale europea. Così da spiazzarla, nella competizione globale, con un eccesso specifico di supercosti. E proprio questo è il centro della (falsa) discussione sul cosiddetto «protezionismo». Un tema che sarà comunque trattato più specificamente tra qualche pagina.

Tutto questo non lo hanno capito le *élites*, salvi i pentimenti dell'ultima ora, che paradossalmente sono pericolosi, perché irresponsabili. Lo hanno invece capito e molto bene i popoli europei. Non solo le presunte cosiddette «Vandee» anti-Europa. Lo hanno capito proprio i popoli dell'Europa. Lo hanno fatto prima esprimendo la loro opinione nei sondaggi. Poi esprimendo il loro contrario voto politico.

Nel settembre 2004 la maggioranza dei cittadini europei (52%) riteneva che l'appartenenza all'Unione non fosse una «cosa buona». La fonte di questo dato è ufficiale. È l'«Eurobarometro». Il sistema di sondaggio ufficiale della Commissione europea.

Non solo. Alla domanda «l'euro *continua* [*sic!*] a causarti difficoltà?», il 48% risponde «sì»: difficoltà.

Si noterà che dopo quasi 3 anni la percentuale degli scontenti è ancora altissima. In Francia per esempio è addirittura al 58%.

È comunque chiaro che l'euro è una parte, per il tutto. I cittadini dicono infatti euro, per dire la loro opinione su *questa* Europa.

Poi, dopo i sondaggi di opinione, è venuto direttamente il voto politico.

Ci sarà in specie una ragione, se la geografia politica dell'Europa è cambiata di colpo. Prima, l'Europa politica pendolava regolarmente da destra a sinistra, da sinistra a destra. Ora il movimento va invece costantemente, sistematicamente in una sola direzione: contro i governi in carica. Siano questi governi di sinistra o di destra.

Il voto contrario appena espresso nei referendum fatti in Francia e in Olanda sulla «Costituzione europea» è stato solo una variante, su questo stesso tema.

I popoli europei non si rassegnano. Hanno mandato e stanno mandando un messaggio forte e chiaro.

Vogliono che il male d'Europa sia battuto.

E può essere battuto. Ma soprattutto a livello europeo. Siamo un continente, abbiamo un mercato e una moneta. Negli ultimi anni, per effetto dell'euro e delle conseguenti comuni politiche fatte sui bilanci pubblici, l'economia europea si è fortemente integrata. Non esistono più soluzioni nazionali. Abbiamo problemi comuni. E perciò dobbiamo mettere in campo soluzioni comuni. La politica economica in Europa o è europea, o non è. O è grande come l'Europa, o non è. Perciò in questo libro la principale dimensione di riferimento è la dimensione europea. E l'Italia è di riflesso trattata solo come un caso particolare, dentro uno scenario più generale. Ma, per capire meglio cosa in realtà è successo e sta succedendo in Europa, è opportuno fare un salto indietro nel tempo.

III

Mercato unico, pensiero unico, errore unico

Il 1989, con il crollo del muro di Berlino, segna la fine tanto del comunismo quanto del liberalismo. Sostituiti entrambi da un'ideologia nuova: il mercatismo. L'ultima follia ideologica del Novecento.

Il liberalismo si basava su di un *principio di libertà* applicato al *mercato*.

Il comunismo su di una *legge di sviluppo* applicata alla *società*.

Il mercatismo è la loro sintesi. Perché applica al *mercato* una *legge di sviluppo* lineare e globale.

In questi termini il mercatismo è l'immissione del mercato in un campo di forza.

Il mercatismo fa infatti convergere a forza e sulla stessa scala offerta e domanda, produzione e consumo. E per farlo normalizza tutto, standardizza e spazza via tutti i vecchi differenziali. Postula e fabbrica prima un nuovo tipo di pensiero, il «pensiero unico», e poi un nuovo tipo ideale di uomo-consumatore: l'«uomo a taglia unica». Fonde insieme consumismo e comunismo. E così sintetizza un nuovo tipo di materialismo storico: «mercato unico», «pensiero unico», «uomo a taglia unica».

Andiamo all'origine. Insieme con il muro di Berlino cadono le barriere politiche che prima, per mezzo secolo, avevano diviso il mondo. E si sprigionano verso il futuro forze che erano chiuse nei forzieri militari. Internet ne è il simbolo. La geografia del mondo si apre e si unifica. Ma non bastava da sola, la nuova geografia piana, perché cambiassero, e di colpo, la struttura e la velocità del mondo.

E neppure da solo bastava il nuovo capitalismo, attratto dalla sconfinata massa di manodopera a basso costo che stava a Oriente, mosso dalla prospettiva globale del ritorno di nuovi illimitati profitti, agevolato dalla nuova rete dei computer, che finalmente sprigionavano la forza della finanza, permettendo di raccogliere su scala globale e in tempo reale illimitate masse di capitali, di muovere in continuo enormi flussi finanziari.

Da soli non bastavano in specie né il mitico «esercito di riserva» del proletariato, né i nuovi spiriti animali del capitalismo, né i computer. Non bastavano le multinazionali.

Serviva qualcosa di più. Qualcosa che nella nuova età dell'oro combinasse insieme la nuova geografia e la nuova economia. Serviva una nuova ideologia. Un'ideologia capace di attribuire al nuovo mercato una sua propria ragione d'essere. Un suo nuovo codice universale. Una nuova legge capace di modellare la storia in divenire. In tre parole, serviva appunto un nuovo materialismo storico.

In un mondo aperto al mercato e unificato nel mercato, produzione e consumo, offerta e domanda dovevano necessariamente e simmetricamente convergere su scala globale.

Il mercato unico postulava per esistere un tipo di pensiero nuovo. Un tipo di pensiero globale uniforme: il pensiero unico. E proprio questo doveva essere la culla dell'uomo nuovo. La culla del consumatore globale ideale. L'«uomo a taglia unica». La nuova scala universale richiedeva standard e non tollerava confini e barriere, differenziali di pensiero e di consumo. Richiedeva che fossero superate le vecchie geografie, i vecchi differenziali accumulati dalla storia e stratificati nella matrice della tradizione, derivati dalle vecchie identità, provenienti dai retroterra arcaici e umorali, dalle riserve della memoria.

Solo in minima parte questo processo ideologico è stato creato nel laboratorio della nuova sinistra. Dalla cosiddetta «Terza via», da Clinton fino a Prodi. Un pensiero debole, estetizzante. Solo il tentativo di cavalcare opportunisticamente l'allora trionfante globalizzazione.

In realtà, le forze in campo erano molto più forti. Forze che venivano dal profondo della storia.

Prima del 1989 il mondo era diviso, ma dialetticamente equilibrato tra due ideologie diverse. L'ideologia liberale, l'ideologia comunista.

Nel 1989, con la fine dei regimi comunisti, la forza ideologica profonda della sinistra si è spostata, da sinistra a destra, dal suo vecchio quadrante al quadrante opposto. E lo ha fatto senza trovare resistenze, portando con sé il suo storico tasso di dogmatismo e di fanatismo, di integralismo e di fondamentalismo. È così che è cambiata per invasione di campo la struttura stessa del liberalismo.

Il comunismo ha perso perché ha perso.

Il liberalismo ha perso anche lui perché, subito dopo avere vinto, ha perso la sua specifica identità storica. Così insieme celebrando la sua vittoria e consumando la sua sconfitta.

A differenza del comunismo, il liberalismo non si basava infatti su di una legge assoluta. Ma da un lato sul principio della libertà applicato al mercato. Dall'altro lato su di un apparato dialettico, empirico e graduale fatto da regole, tempi, metodi, coessenziali alla libertà stessa.

Spinte e controspinte, pesi e contrappesi in equilibrio. Per averne un'idea pratica, se c'è una cosa che ricorda la complessa dinamica propria del vecchio liberalismo, questa è un vecchio orologio meccanico.

Dopo il 1989, nell'illusione della vittoria, ha invece ceduto anche il liberalismo. Lo ha fatto sotto la fortissima pressione ideologica che veniva proprio dalla parte opposta, dalla parte del comunismo. A fine esercizio, il comunismo è in specie riuscito a trasportare e trapiantare proprio nel campo opposto, nel dominio del mercato, il suo DNA. L'idea che la vita degli uomini sia mossa e possa essere mossa da una *legge*.

Il trapianto ha avuto successo. La vecchia mentalità laica e critica, empirica e graduale, propria del vecchio liberalismo, si è come assolutizzata. È così che il nuovo mercato mondiale è diventato il campo di applicazione insieme naturale e ideale della nuova «legge» di sviluppo globale.

Questo processo ideologico creativo ha generato un culto politico nuovo.

Un culto dogmatico, praticato con forme devote di furore ideologico e di attivismo estremistico.

È così che all'utopia comunista si è sostituita l'utopia mercatista: *from Marx to Market*. Da Marx al Mercato. Il mercato unico è diventato la base totalitaria del pensiero unico. È così che prima nell'economia e poi nella società si è impiantata la fabbrica del nuovo uomo post-moderno.

Un tipo umano che non solo consuma per esistere, ma che esiste per consumare. Un soggetto che pensa come consuma e consuma come pensa, per cui i vecchi simboli civili e morali sono sostituiti dalle icone e dalle immagini commerciali. Per cui i jeans e le scarpe sono una divisa e la divisa un sostituto dell'anima, per cui il turismo sublima l'avventura umana, la musica metallica spiritualizza l'esistente, i concerti sostituiscono provvisoriamente la comunità. E via e via e via. L'«uomo a taglia unica» non è solo la forma ideale del consumismo di massa diffuso su scala globale. È l'«uomo normale» idealizzato per primo dal comunismo. È così che consumismo e comunismo si sono infine trionfalmente fusi in un nuovo materialismo.

La modernità è nel mercato e dunque il difensore dei consumatori è il nuovo tribuno della plebe, il supermarket è la nuova «agorà», le banche sono il sinedrio della democrazia, le *élites* identificano e sostituiscono «rappresentandola» la volontà dei popoli. Il territorio è dominato dai nuovi totem del mercato. La realtà è sempre più nell'economia e l'economia è sempre più dominata da un pensiero unico che tende a travolgere, demonizzare, cancellare le vecchie diversità. Perché solo così il consumismo di massa funziona, con efficienza crescente e su scala globale. Il comunismo non è dunque finito del tutto. Si è solo trasformato. Si è alleato con il capitalismo. Si è strumentalmente spostato, dal controllo dei mezzi di produzione al controllo prima dei prodotti e poi dei consumatori. È in specie il comunismo che ha fornito al consumismo il codice di forza necessario per la sua diffusione lineare su scala globale.

Certo, non tutto è stato pianificato. Quasi tutto è piuttosto avvenuto in progressione e per la combinazione di fatti e di fattori diversi. Politici ed economici, interessi e ideologie, speranze ed egoismi, passato e presente, processi di lunga durata e improvvise curve della storia, razionale e irrazionale, bene e male.

Ma tutto alla fine si è saldato. Per ora.

IV

Il WTO, tempio del mercatismo

Il Pantheon del nuovo rito mondiale si chiama WTO. È la World Trade Organization.

Mercato unico, errore unico. Mai nella storia dell'umanità un processo politico grandioso come quello attivato con il WTO, l'apertura mondiale del mercato, è stato consentito e avviato con tanta istantanea determinazione.

Pressati dalla miopia del profitto, perché nel 1994 si pensava che i benefici fossero maggiori dei malefici, che l'avere in Occidente fosse più del dare a Oriente, ubriacati dall'ideologia mercatista, ignorando la reale estensione della nuova geografia economica e sociale che si apriva, senza alcuna seria e reale simulazione e prospettazione sulla tempistica e sulla magnitudine delle onde di ritorno, è così che gli apprendisti stregoni del WTO hanno aperto di colpo il «vaso di Pandora».

Nella storia il tempo è strategico. Il tempo del WTO è stato (rischia di essere) un tempo suicida. Suicida per l'Europa in particolare. Qualcosa che ancora ricorda il *Manifesto* di Marx-Engels: «...lo stregone non può più dominare le potenze sotterranee da lui evocate...».

Il WTO sta in specie al vecchio GATT (General Agreement of Tariffs and Trade), il vecchio sistema di accordi commerciali internazionali, come il nucleare sta al vapore. L'acqua avrebbe dovuto salire e sollevare insieme tutte le barche. Non era comunque previsto che salisse la corazzata Cina. Che invece facesse acqua l'Europa.

L'Europa. Il WTO non è stato solo il comitato d'affari delle multinazionali. È stato pensato come la centrale di sviluppo del mondo. Della «modernizzazione» del mondo, prodotta dal mercato. Per l'Europa in particolare il WTO è stato la replica, su scala mondiale, della sua avventura storica. L'avventura dell'integrazione interna del mercato europeo. Lo spostamento sull'esterno dell'esperienza interna. Dal mercato unico europeo al mercato unico mondiale.

In questi termini l'Europa non è stata solo socio fondatore del WTO. È stata anche il suo incubatore ideologico. L'Europa è stata insieme sacerdote e zelota del mercato unico mondiale e così artefice e vittima del suo stesso destino. Spiriti benevoli e filosofie *beautiful*.

Con una specifica. Gli USA hanno aderito al WTO ma, con norme di applicazione, si sono riservati una *way out*, in caso di gravi pregiudizi alle loro industrie o di reiterate restrizioni di operatività. L'Europa ha invece aderito e basta. Come aveva il potere di entrare, aveva il potere di fare come gli USA. Ma non lo ha (ancora) fatto.

Non solo. Come si è notato fin dal principio, l'Europa è entrata nel WTO con i suoi poteri *propri*. Ma poteri che, a causa dell'architettura politica propria dell'Europa, sono istituzionalmente poteri deboli. L'Europa, per come è strutturata, ha infatti competenze fortissime sul mercato *interno*. Ma, pur avendone competenza esclusiva, è invece debolissima sul mercato *esterno*. È così che, si ripete, siamo entrati in un campo di forza con un altissimo grado di debolezza.

Niente da dire, s'intende, contro il libero mercato. E comunque, dopo il 1989, l'integrazione del mondo era irreversibile. Non poteva certo essere fermata. Ma poteva essere governata.

Ancora dieci anni fa i rapporti di forza, le ragioni di scambio, erano in specie molto diversi da quelli che sono ora. E tutti allora a favore dell'Occidente. In questi termini, i tempi e i metodi dell'apertura potevano e dovevano essere molto diversi.

Basati sui principi del liberalismo e non del mercatismo.

Un esempio? Nel dopoguerra, l'Occidente ha aperto al Giappone, che allora era appena un decimo di quello che ora può essere la Cina, con un gradualismo che è durato per alcuni decenni. Eppure, non si può dire che allora l'Occidente fosse dominato da ideologie anti-mercato. All'opposto, erano proprio le ragioni del vecchio liberalismo che da una parte spingevano certo per l'apertura. Ma dall'altra parte anche per la prudenza. L'obiettivo era l'apertura al mercato, ma la base di partenza erano dazi di ingresso e quote commerciali, destinate a essere progressivamente abbattuti.

Semplicemente, era folle pensare che con il WTO l'apertura mondiale del mercato potesse svilupparsi linearmente, senza creare a valle enormi squilibri economici e sociali. Tanto nei Paesi di destinazione del nuovo progetto, quanto nei Paesi di origine.

La cascata dei fenomeni di ritorno dal WTO è arrivata in Occidente in forme non previste dagli apprendisti stregoni. E comunque prima e diversamente e più intensamente di quanto si prevedesse.

È in specie proprio dalla culla del WTO che il «fantasma» è nato e ha iniziato la sua marcia verso l'Europa.

Trovandovi un ambiente straordinariamente favorevole. La debolezza dell'Europa. Per capirlo meglio facciamo un secondo salto indietro nel tempo.

V

L'«idea» d'Europa

Flash back. Estate 1989, il treno di Praga. Nel corso dell'estate del 1989, più o meno con il pretesto delle vacanze estive, migliaia e migliaia di cittadini tedeschi orientali passano le frontiere est e sud della DDR, la Repubblica democratica tedesca. Si dirigono verso Polonia, Ungheria, Cecoslovacchia. A Varsavia, Budapest, Praga, le ambasciate della Repubblica federale tedesca sono assediate, invase.

Il 30 settembre, il Governo federale tedesco, annuncia, a più di 4000 rifugiati presso la sua ambasciata di Praga, che sono liberi di raggiungere la Repubblica federale. Lo stesso giorno parte da Praga il lungo treno che li porterà verso la libertà.

Da qui, tutto precipita. Il 7 ottobre Gorbaciov è a Berlino est. Ovunque folle entusiaste urlano «*Wir sind ein Volk*» (Noi siamo un solo popolo). Gorbaciov non rassicura e non garantisce niente a Honecker, il presidente della DDR. Anzi, consente lo sviluppo del processo. La Cancelleria federale è tempestivamente informata del contenuto del colloquio. E di qui i governi dell'Occidente: Washington, Londra, Parigi.

Il 3 novembre il presidente francese Mitterrand dichiara di non avere nulla contro l'unificazione. Ma ha in mente un percorso lento e progressivo. Teme l'unificazione della Germania e, di riflesso, teme la marginalizzazione della Francia.

Il 9 novembre a Berlino crolla il muro della vergogna. Il 19 dicembre, come se nulla fosse, Mitterrand si reca a Berlino est, in visita ancora ufficiale. La linea cambia solo l'anno dopo.

Cambia solo il 19 aprile 1990 e poi il 7 dicembre, con la sigla di un documento congiunto franco-tedesco.

Il 15 dicembre il Consiglio europeo convoca due conferenze intergovernative, con il doppio obiettivo di unificazione politica e monetaria.

Il disegno si completa il 7 febbraio 1992, con la firma del Trattato di Maastricht. Con lo scambio tra unificazione tedesca, fine del marco tedesco, nascita dell'euro.

In soli 500 giorni dunque, prima una drammatica compressione e poi una fantastica accelerazione della storia. Il crollo del muro di Berlino ha sviluppato, per orbite, effetti multipli. Prima a Est e poi nel resto del mondo. A Est, ha accelerato il crollo dei regimi comunisti. Nel resto del mondo, con la caduta delle vecchie «frontiere» politiche inizia l'unificazione di società e mercati. È così che è iniziato il processo che ha cambiato (sta cambiando) il mondo. E, per quanto qui ci interessa, l'Europa.

Dalla fine del Medioevo e per secoli quella dell'«Europa» è stata un'idea soprattutto mitica, poetica, filosofica. Un'idea che va da Althusius a Kant, da Saint-Simon a Tocqueville. L'Europa diventa concreta, prende forma e sostanza insieme politica ed economica, solo dopo la seconda guerra mondiale.

Prima, tra le due guerre mondiali, si parlava infatti certo d'Europa. E se ne scriveva. Ma solo a livello di *élites*. E dentro le *élites* da vari, diversi e spesso opposti punti di vista: da Churchill a Briand, da Rathenau a Drieu La Rochelle, da Pigou a Einaudi, da Renault ad Agnelli.

Ma appunto solo a livello di *élites*. I popoli europei erano ancora, nel periodo tra le due guerre, del tutto assenti, affatto distanti dalla discussione sull'Europa.

L'intensità politica della discussione sull'Europa diventa alta solo dopo il patto di Monaco (1938). Ma ormai è troppo tardi.

Solo dopo la seconda guerra mondiale l'Europa prende forma e sostanza politica. E per una ragione molto semplice. Perché finalmente *élites* e popoli convergono sullo stesso obiettivo. È solo a partire dagli anni Quaranta e Cinquanta che l'architettura ideologica dell'«Unione» europea corrisponde infatti finalmente e perfettamente, oltre che al pensiero delle *élites*, al sentimento dei popoli europei. L'Europa che nasce da questa sintesi si fonda su *due pilastri* fondamentali: il pilastro della *pace*; il pilastro della *prosperità*.

Il primo pilastro: *la pace*. Dopo mezzo secolo vediamo che il primo pilastro si è consolidato, oltre il pensabile. Fino a diventare ormai parte integrante del paesaggio civile del nostro continente. Tanto da fare pensare che, su questa base, il disegno dell'Unione sia ormai compiuto. Che, in questi termini, la missione politica dell'Europa sia esaurita. E dunque non più necessaria. Ormai per sempre dissolto quel micidiale *cocktail* di romanticismo e meccanica, di inni e miti, di «Stati maggiori» militari e di egoismi e particolarismi economici, che per più di un secolo ha insanguinato il continente.

La democrazia, che ancora quarant'anni fa era nel continente europeo quasi un'eccezione, essendone fuori la Spagna, il Portogallo, la Grecia, mezza Germania, la Polonia, l'Ungheria, la Cecoslovacchia, la Romania, la Bulgaria, la Jugoslavia, l'Albania, l'Estonia, la Lituania, la Lettonia, ora è ovunque *la* regola politica, incontestata e incontestabile.

Fino al punto di rendere quasi incomprensibile per i giovani l'idea stessa dell'Europa come garanzia di pace.

Senza contare gli effetti normalizzanti prodotti dal consumismo e dalle connesse mutazioni antropologiche. È infatti piuttosto difficile immaginare che gente ormai distaccata dal lavoro manuale e dallo sforzo fisico, appagata dal benessere, magari sovrappeso, sia disposta a saltare nel cerchio di fuoco.

Il secondo pilastro. È il secondo pilastro, il pilastro della *prosperità*, che sta invece cedendo. L'economia non è più alleata dell'Europa. In futuro, può diventarne nemica. Dal profondo sentiamo i primi scricchiolii. E la speranza originaria può velocemente convertirsi in paura.

C'è una cupa profezia americana, sulla guerra in Europa causata dall'euro (Martin Feldstein, *European Monetary Union and International Conflict*).

Altri ha scritto ancora, e pur se da una diversa e molto profonda visuale, dello spettro di una «guerra di secessione» in Europa (Paolo Prodi).

Comunque la guerra non ci sarà, proprio perché il primo pilastro è solido. Ma se mai in Europa ci saranno contrasti drammatici, sarà proprio perché il secondo pilastro è sempre più debole.

Come si è già notato sopra, a partire dagli anni 2000, l'economia europea si è infatti fermata. La macchina gira a vuoto.

È in atto un processo negativo, che non si può ignorare. E che non è, e non sarà limitato all'economia. Perché, se non è vero che tutta la politica sta nell'economia, è tuttavia vero che la frontiera tra economia e politica è una frontiera mobile. Una frontiera su cui cause economiche ed effetti politici si confondono e si alimentano reciprocamente. Tanto in positivo, quanto in negativo. Ora i popoli sentono che la macchina gira a vuoto o comunque che non va nella direzione giusta. E non hanno (ancora) risposte.

È per questo che si fanno sentire. Per ora solo con il loro voto politico «contro».

Si ripete, il caso dei referendum francese e olandese sulla «Costituzione europea» è stato in questo senso insieme tipico e sintomatico.

La «Costituzione europea» non crea e non risolve infatti i problemi che hanno portato la maggioranza dei francesi e degli olandesi a esprimere un voto «contro». La «Costituzione europea» è stata solo un parafulmine, solo il catalizzatore di una più forte protesta contro «altro». Il referendum costituzionale è stato solo il luogo politico in cui si sono concentrati sentimenti negativi che venivano dal basso e dal profondo, mossi da fatti che venivano da lontano e da fuori.

Un voto che ha avuto certo anche ragioni specifiche della Francia, proprie del suo particolarismo storico e politico, del suo «orgoglio gallico». Certo, dentro l'Europa la Francia ha prima *condiviso* la sua sovranità con la Germania, ma in questi termini l'ha anche *estesa* al continente. E ora tutto questo, l'illusione di francesizzare l'Europa, è revocato in dubbio nella nuova Europa a 25.

Certo, anche questo. Ma alla base del «*non*» francese e del «*nee*» olandese sono soprattutto le nuove difficoltà nel vivere quotidiano, la paura del futuro causata dall'economia, la paura dell'americanizzazione della vita. La paura del «fantasma».

Tanto sono stati politicamente significativi i fatti della Francia e dell'Olanda, che si è identificato e quasi evocato, proprio nel possibile voto contro la «Costituzione europea», una *palingenesi*, il principio di una *catarsi*, la base per un *nuovo inizio* europeo.

In realtà, non c'era bisogno di attendere un voto contro la «Costituzione europea» per mettersi su questa strada. Che è la strada giusta.

La storia dell'Europa «moderna» dura da mezzo secolo. E durerà ancora. Finora può essere schematicamente divisa in tre fasi. Prima è venuta la fase «eroica», la fase dei grandi ideali e dei grandi princìpi, espressi nel Trattato di Roma (1957). Poi c'è stata una lunghissima fase «economica». Una fase che va dal mercato unico alla moneta unica. Infine, la terza fase. La fase «politica», che inizia (avrebbe dovuto iniziare) proprio con la «Costituzione europea».

È questo il punto. Una «Costituzione europea» è in prospettiva ancora necessaria, ma certo non è più sufficiente. E da sola rischia di cadere nel vuoto. Il quadrante della storia è infatti girato. L'intensità dei problemi è enormemente cresciuta. E la «Costituzione europea» rischia di sembrare più l'epilogo formale di un tempo passato, che una speranza per il futuro. Perché l'economia sta erodendo le basi della politica e la politica non può reggersi nel vuoto.

1994. Nel 1994 l'Europa si presentava al mondo come un doppio cantiere. Insieme come un cantiere di demolizione e come un cantiere di costruzione.

In basso, il cantiere di demolizione dei vecchi Stati-nazione europei, che pure l'Europa l'avevano fatta. In alto, la costruzione dell'Unione.

È dunque corretto guardare prima in basso e poi in alto.

Lo Stato-nazione era ed è in crisi in tutto il mondo e dunque anche in Europa.

Sotto la pressione dell'economia si è infatti spezzata la catena politica fondamentale. La catena Stato-territorio-ricchezza. E questo chi scrive l'aveva fatto notare già nel luglio del 1989.

Un tempo bastava allo Stato controllare il suo territorio per controllare la ricchezza e dunque per esprimere la sua forza politica. Per riscuotere le tasse, per battere la moneta, per esercitare la giustizia.

Il territorio era infatti il container della ricchezza, agraria e mineraria, o la base della nuova ricchezza industriale. La ciminiera, la grande macchina a vapore.

Ora non è più così. La ricchezza, sempre più dematerializzata e finanziarizzata, sfugge ai suoi antichi vincoli territoriali.

Lo Stato resta a controllare il suo territorio, ma non controlla più la ricchezza. E per questo perde quote crescenti del suo originario potere politico.

In Europa questo processo storico ha preso e prende tuttavia una forma politica particolare. Perché l'Unione non solo *accelera* ma anche *compensa*, o meglio dovrebbe compensare, il processo generale di riduzione di potere dello Stato-nazione.

Un doppio cantiere appunto, insieme di demolizione e di costruzione. Un cantiere che finora si è sviluppato gradualmente, sul disegno progressivo di una nuova, inedita e per così dire non euclidea geometria politica.

È così che in Europa ha preso e sta prendendo forma una nuova, o forse vecchissima se si scava nel Medioevo, certo comunque non comune macchina politica. Una macchina che si è via via sviluppata su circoli di ragione e su cerchi crescenti di potere condiviso, su piramidi sempre più alte di regole, su vettori della storia diretti verso il futuro.

E proprio questo è il punto di crisi. Se infatti la maggiore e più nuova particolarità politica dell'Europa è stata la sua dinamica continua, è un'ironia della storia che la sua crisi sia venuta proprio dal movimento. Ma da un movimento che, per la prima volta da mezzo secolo, non era interno all'Europa, ma esterno. Il movimento pianificato doveva essere «Europa su Europa» o «dall'Europa verso l'esterno». L'impatto dall'esterno non era previsto. E invece c'è stato.

E gli effetti sono stati, e sono, dirompenti.

L'Europa è in specie il disegno di una società futura che, nel suo dinamismo, nel suo gradualismo costruttivistico, postula insieme uno *spazio proprio* e un *tempo lungo*. Uno spazio e un tempo comunque esclusivi dell'Europa.

Il 1994 ha invece drammaticamente cambiato le vecchie coordinate europee di spazio e di tempo. È in specie proprio dal 1994 che la linea lunga dell'integrazione «Europa su Europa» e la linea parallela della proiezione unilaterale dall'«Europa verso l'esterno» si sono drammaticamente incrociate, e prima di essere del tutto tracciate, con la linea rivoluzionaria dell'integrazione mondiale.

Il tempo del gradualismo non coincide mai con il tempo della rivoluzione. È stato così che, a partire dal 1994, l'accelerazione della storia ha prodotto l'attuale paradosso politico dell'Europa. Da un lato l'Unione sarebbe infatti sempre più necessaria, per fare blocco; dall'altro lato è sempre più problematica, sulle vecchie basi.

Il 1994 ha insieme drammatizzato ed evidenziato la crescente asimmetria europea. La dissociazione tra mezzi e fini, tra utopia e realtà. Dentro quasi tutti gli Stati europei troviamo una schizofrenia, tra mercatismo e statalismo. Il cumulo di materiali diversi: un pezzo di mercato e un pezzo di Stato. Il cumulo dei difetti dell'uno senza i pregi dell'altro. E viceversa. A livello europeo è lo stesso. Con la specifica che i materiali europei si stratificano a loro volta sopra i materiali nazionali.

Quella che segue è in specie una non retorica e non convenzionale rappresentazione dell'Europa attuale. Un'Europa che negli anni è divenuta soprattutto *elitaria, totalitaria, monetaria.* E troppo di tutto questo insieme. Ed è specificamente proprio qui, in questa speciale combinazione, tra mercatismo suicida e perfezionismo sociale, che si radicano insieme la strutturale debolezza di *questa* Europa e le linee di evoluzione necessarie per una Europa *diversa.* Per semplicità di esposizione, qui di seguito prima si rappresenterà dunque l'Europa come è ora e perché è così. E poi appunto perché è debole. E cosa e come si può pensare e fare per cambiarla.

VI

«Questa» Europa: troppo elitaria, troppo totalitaria, troppo monetaria

L'Europa elitaria. L'Europa è diventata in questi ultimi anni la camicia di forza delle idee e delle identità diverse. Alla dialettica storica tra ipotesi e tesi diverse si vuole sovrapposta una sola sintesi. L'Europa è diventata il comitato d'affari di una ideologia unica, ispirata e custodita da una *élite* «politicamente corretta». Non era certo così, al principio. L'Europa è nata infatti dal confronto dialettico e dalla sintesi di posizioni tra di loro fortemente differenziate. Tra il federalismo di Altiero Spinelli e il nazionalismo di Charles De Gaulle, per esempio. La dialettica tra opposti favoriva la progressione organica del disegno europeo. Ora invece alla dialettica si tende a sostituire un'unica elitaria forma politica. L'Europa è certo sempre stata guidata da *élites*. E non poteva essere diversamente, date la novità e la complessità del processo politico dell'Unione.

Ma al principio le *élites* sapevano cosa volevano i popoli e perciò sapevano parlare ai popoli. E per questo i popoli le riconoscevano. L'insieme aveva una sua propria, se pure particolare, «cifra» democratica.

Poi progressivamente, a causa della natura e della

crescente complessità delle materie trattate, a causa della crescente estensione geografica dell'Unione, a causa del crescente simmetrico potere e paternalismo delle burocrazie politiche, tutto è cambiato. Al principio, il latte era certo una cosa più «calda» di quanto lo sia ora la Banca centrale europea. Negli anni Cinquanta, l'agricoltura era ancora una cosa politicamente più viva di quanto sia ora la «Direttiva Bolkestein».

Ora invece tutto è intollerante e «freddo».

Nel Settecento, nell'età dell'illuminismo, si pensava che la democrazia fosse possibile solo in aree geografiche circoscritte. Più si estende la geografia, si pensava, più è difficile la democrazia.

Ancora adesso la democrazia non può essere considerata come una variabile del tutto indipendente dalla geografia. Neppure in Europa, dove ci sono circa 500 milioni di abitanti e con decine e decine di diverse nazionalità. È per questo e anche per l'estensione progressiva, prima delle competenze e poi dei confini dell'Unione, che si è sviluppata in Europa la ricerca di forme politiche nuove. Spesso di forme politiche sbagliate. Perché, se conosciamo Stati senza democrazia, non conosciamo ancora la democrazia senza gli Stati. Salvo il caso embrionale del Parlamento europeo.

Invece in Europa, in alternativa, in nome del disegno superiore di un dispotismo «illuminato», si è forzato il processo. E così che alla vecchia «democrazia» si è progressivamente sovrapposta la cosiddetta «rappresentanza». L'astrazione dai vecchi corpi politici, con la loro progressiva mortificazione e sostituzione.

L'illusione di poter comporre a tavolino il «puzzle» democratico. L'illusione di potere favorire dall'alto la formazione e l'emersione del popolo europeo. O, come dicono i raffinati, del *demos* europeo. È così che sono apparse formule politiche nuove, meno dirette, più mediate di quelle democratiche classiche. La «rappresentanza», appunto. Un'astrazione materializzata da un nome. E proprio la «rappresentanza» è divenuta l'*habitat* ideale delle *élites*.

Un *habitat* che ne ha consentito tanto l'astrazione dai popoli, quanto la proiezione verso un disegno totalitario. Prima il disegno del «mercato perfetto» e poi, e per questa via, il disegno della «società perfetta». Nei termini che seguono.

L'Europa totalitaria. L'Europa è un'area del mondo in cui il «totalitarismo» trova ancora una sua propria sorprendente espressione.

Un totalitarismo certo diverso da quelli tragici del Novecento. Di tipo *soft* e non *hard*. Un totalitarismo «benevolo». Ma pur sempre un totalitarismo. Un sistema basato sull'idea che dall'alto qualcuno – un'*élite* – possa disegnare la vita delle masse. È così che negli ultimi anni i migliori architetti della società perfetta hanno trovato in Europa il sostituto ideologico dei loro vecchi miti, crollati con il muro di Berlino. Architetti che, con il loro costruttivismo insieme astratto e zelante, avrebbero incontrato reazioni e resistenze popolari, se avessero tentato di entrare in azione a livello nazionale. E perciò si sono spostati dal piano inferiore al piano superiore. E qui hanno lavorato liberamente. Nelle migliori condizioni possibili: con carta bianca. E da qui hanno legittimato, dall'alto e di riflesso, anche i colleghi che erano rimasti al piano di sotto. Perché, se è vero che la tendenza a regolare tutto è certo anche nazionale, è però anche e soprattutto vero che l'Europa, invece di essere un modello di cartesiana semplicità, è divenuta l'opposto. È così che partendo dal mercato, che doveva essere standardizzato e normalizzato per essere unificato, ha via via preso forma lo schema dell'Europa come società «disegnata». Un disegno prima economico e poi sociale, un disegno insieme ossessivo e persuasivo.

Un disegno verticale, caratterizzato dall'*horror vacui*. Nessun vuoto, perché tutto deve e può essere regolato.

Dal necessario al superfluo, dal reale al surreale, dagli uomini agli animali, dalla materialità del quotidiano al dominio dell'etica.

L'agricoltura è il brodo primordiale in cui galleggiano, fin dagli albori della Comunità, le prime regole «standardizzatrici». Con una premessa sistematica essenziale. La forma tipica della regola europea è la «Direttiva». Gli Stati hanno l'obbligo di adottarla con propria legge nazionale. Se no, in linea di massima, la «Direttiva» prevale *comunque*. Qualche esempio a campione. Ma attualissimo.

Per garantire «la trasparenza sul mercato mondiale» e «agevolare relazioni commerciali fondate sulla concorrenza leale», i baccelli dei piselli devono fra l'altro «essere ben pieni e contenere almeno cinque semi» (Regolamento CE n. 2561/1999), come in una famosa favola di Andersen.

Per «eliminare dal mercato prodotti di qualità insoddisfacente», le pere devono avere caratteristiche e calibro ben definiti (Regolamento CE n. 86/2004), le ciliegie devono essere fresche e turgide (Regolamento CE n. 214/2004), gli avocadi devono essere sodi e raccolti con cura (Regolamento CE n. 387/2005).

Le «fluttuazioni congiunturali» possono determinare una crisi del mercato dei cavolfiori freschi e quindi imporre «l'applicazione di misure specifiche» (Regolamento CE n. 1761/2004).

Il grado di sviluppo e di maturità dei cocomeri va determinato in modo congruo: «L'indice rifrattometrico della polpa misurato al centro della polpa, nella sezione massima normale dell'asse del frutto, deve essere uguale o superiore a 8° brix» (Regolamento CE n. 1862/2004). Pensata dai teorici del mercato perfetto, questa norma è praticamente inapplicabile nei mercati generali degli ortofrutticoli.

Non manca, fra l'altro, attenzione per l'aglio, con dazio *ad valorem* applicabile ai prodotti importati (Regolamento CE n. 218/2005).

Dall'agricoltura, alle merci, ai servizi, sempre più la qualità della vita sembra dunque essere fatta da migliaia di regole microscopiche.

È soprattutto con l'«etichetta» commerciale dei prodotti che emerge la forma nuova del comunismo: il comunismo giuridico.

L'«etichetta» del prodotto ne costituisce in specie il manifesto, sintetizzando un apparato di regole civili, moderne e benevole, che da un lato standardizzano la tipologia delle merci spianando la strada al consumo di massa, dall'altro lato «garantiscono» il consumatore «informandolo» minutamente e ossessivamente sul quando e il come consumare.

Ma in realtà l'etichetta è solo la parte che affiora. Il grosso è sotto. Il dominio delle regole non si limita infatti ai prodotti di consumo, ma si estende al consumatore stesso.

Perché il consumatore deve essere creato e modellato in base a uno standard che, per consolidare e allargare il mercato, lo deve normalizzare. Per il suo bene, s'intende.

Al consumatore europeo ideale, creato per il mercato e attraverso il mercato, la legge europea non dà infatti solo consigli per gli acquisti. Per lui disegna anche e meticolosamente quello che ritiene il migliore dei mondi possibili. Ed è questo il valore aggiunto tipico della regola europea. Lo fa, la regola europea, nell'unico modo che conosce, che è quello proprio e tipico di una super-burocrazia. Identificando le garanzie con le specifiche tecniche dei prodotti, declinate con precisione maniacale. Oppure dettando precetti paternalistici, attuando una specie di pedagogia sociale. E ciò su ogni aspetto della vita: dalla scelta del cibo, alla salute, al lavoro.

Qualche esempio, fra i molti possibili.

I preservativi, classificati come dispositivi medici (Direttiva n. 93/42/CEE), devono presentare requisiti minimi di qualità (Normativa europea di qualità EN 600:1996), e in particolare di lunghezza (almeno 170 mm) e di capienza (almeno 18 l).

Sul posto di lavoro lo schermo del computer non

deve avere riflessi che possono causare molestia all'utilizzatore. La tastiera deve essere inclinabile per consentire al lavoratore di assumere una posizione confortevole. Il sedile di lavoro deve essere stabile e ad altezza regolabile. È garantito anche il diritto ad avere a disposizione un poggiapiedi. Il software deve essere semplice e, se del caso, adattabile al livello di conoscenze e di esperienza dell'utilizzatore (Direttiva n. 90/270/CEE). Come se, per tutto questo, non bastasse più il buon senso comune.

È molestia sessuale sul posto di lavoro «qualsiasi comportamento a connotazione sessuale», purché indesiderato, grave e persistente. Prima della denuncia formale, la Commissione europea raccomanda l'avvio di una procedura informale, per spiegare alla «persona che si comporta scorrettamente che il comportamento da essa assunto non è ben accetto». Se la spiegazione è troppo difficile o imbarazzante è possibile la mediazione «di un amico comprensivo o di un consulente di fiducia» (Raccomandazione n. 92/131/CEE).

Una normativa che si allunga per diciannove pagine, con simboli e illustrazioni, disciplina installazione, ubicazione, funzionamento e identificazione dei comandi dei trattori agricoli, prescrivendone la facile accessibilità.

Per esempio, l'arresto del motore deve essere provocato «senza sforzo manuale sostenuto» (Direttiva n. 86/415/CEE).

E ancora: i comandanti dei pescherecci che praticano attività di pesca nelle acque comunitarie hanno l'obbligo di far apporre su ogni attrezzo di bordo per la pesca targhette identificative fatte di materiale inalterabile, saldamente fissate all'attrezzo e di dimensioni ben precise: almeno 65 mm di larghezza e 75 mm di lunghezza (Regolamento CE n. 356/2005).

Per motivi di sicurezza, lavandini, bidet, w.c., ecc. devono essere muniti di un'attestazione che garantisca la conformità del prodotto alle specifiche tecniche (Decisione della Commissione n. 96/578/CE).

Per il bucato «europeo» non valgono più le regole della nonna. La Commissione insegna infatti la «buona pratica ambientale relativa ai detersivi da bucato per uso domestico» (Raccomandazione n. 98/480/CE).

Per tutelare la salute, sono previste norme eugenetiche relative agli animali. Per esempio, gli ovini e i caprini maschi riproduttori di razza pura sono iscritti in un apposito libro genealogico (Decisione della Commissione n. 2005/375/CE). L'importazione da Paesi terzi di sperma bovino deve essere corredata di un certificato sanitario, in cui sono indicate l'origine, la destinazione e l'identificazione dello sperma (Decisione della Commissione n. 2005/290/CE). E così anche gli scambi intercomunitari di sperma, ovuli ed embrioni delle specie ovina e caprina (Decisione della Commissione n. 2005/43/CE).

Per garantire la qualità delle uova, la società perfetta applica alle galline regole di «welfare»: «Al fine di facilitare la transizione verso le norme in materia di benessere per l'allevamento delle galline ovaiole», vengono stabilite le misure minime delle gabbie (Direttiva n. 1999/17/CE e Decisione della Commissione n. 2004/433/CE).

Circolano muniti di passaporto le piante (Direttiva n. 2005/17/CE), nonché i cani, i gatti e i furetti (Decisione della Commissione n. 2004/203/CE).

Grandi protagonisti di norme comunitarie sono i polli, che vantano anche una specie di organismo di categoria, l'apposito «comitato di gestione per il pollame e le uova».

E poiché, passando dall'animale al vegetale, anche l'Europa ha diritto ai propri bonsai, sono previste norme specifiche sulla «nanizzazione artificiale o naturale» di alcune piante (Decisione della Commissione n. 2004/826/CE e normativa richiamata). E così via.

In sintesi il sistema europeo, che dal mito del mercato perfetto si proietta verso il modello della società perfetta, appare costruito come se l'Europa fosse appunto e potesse essere una vera e propria Arcadia post-moderna.

L'Europa monetaria. La storia dell'euro si intreccia con la leggenda dell'unificazione tedesca. L'euro nasce infatti dallo scambio tra l'unificazione tedesca e la fine del marco tedesco. Il prezzo che la Germania doveva pagare per riunirsi.

Ancora alla fine degli anni Ottanta, la paura politica di fondo era infatti che, se la Germania si fosse riunita conservando il suo marco, allora non sarebbe stata la Germania a integrarsi nell'Europa, ma l'Europa a integrarsi nella Germania.

Ufficialmente questo scambio è sempre stato escluso. Solo una volta, interrogato, un grande protagonista di quel processo (Jacques Delors) rispose enigmaticamente: «Le grandi idee possono a volte essere servite dalle circostanze...».

Nel freddo dei laboratori monetari la nuova moneta europea era già stata fabbricata *in vitro*. Si aspettava tuttavia quello che i diplomatici chiamano «il colpo di manovella». Al posto del colpo di manovella è venuto, con il crollo del muro di Berlino, un colpo dalla storia.

L'euro ha prima consentito di superare un problema politico. Il problema della riunificazione tedesca. Poi a sua volta ha fortemente influito sulla struttura politica dell'Unione.

Dal 1992 a oggi si è in specie sviluppato un movimento politico articolato su due fasi.

Nel 1992, per come era fatta l'Unione, l'euro era l'unica espressione monetaria possibile dell'Unione stessa.

L'euro è infatti certo una moneta. Ma una moneta diversa dalle altre monete.

Non per caso, mentre sulle banconote sono normalmente impressi simboli politici, sulle banconote in euro sono impressi ponti e archi, porte e viadotti. In una parola: architetture e infrastrutture. È questa la prova empirica, e tuttavia la più evidente, del fatto che l'euro, per come è stato fatto, è di per sé una moneta diversa dalle altre. Una moneta a bassa intensità politica.

Sarebbe tuttavia un errore fermarsi qui.

Una volta introdotto, l'euro ha infatti influito sull'ulteriore processo di formazione politica dell'Unione, postulando la stipula di un «Patto di stabilità e di crescita» (1995). Uno strumento necessario. Perché non si poteva avere in Europa una moneta comune, senza almeno un comune strumento di governo dei bilanci pubblici.

Essendo impossibile avere una moneta comune senza una «disciplina» comune, senza un comune criterio di guida delle numerose e varie finanze pubbliche che stanno sotto la moneta comune.

In particolare, se l'euro nasce per sostituire il marco, il «Patto» nasce per sostituire un sistema di governo comune della finanza pubblica europea. Così appunto anticipando un più proprio, ma ancora non presente, meccanismo costituzionale europeo.

È dunque un errore pensare che la cifra politica del «Patto» sia *zero*.

Quali sono in specie la filosofia e la meccanica politica del «Patto»? La filosofia che sta alla sua base (zero deficit pubblici, vincolo a contenere e/o ridurre i debiti pubblici) è politica pura. In specie una politica che, per fare esistere e per fare funzionare l'euro, mira alla progressiva riduzione e standardizzazione dei bilanci pubblici. E di riflesso alla progressiva riduzione del ruolo autonomo degli Stati nazionali.

Con il «Patto», gli Stati hanno infatti tutte le libertà... tranne la libertà di manovrare discrezionalmente la dimensione del loro bilancio. Non poteva essere diversamente. Per tre ragioni essenziali. Perché la nuova politica economica, dovendo essere europea, non poteva essere, se non sovranazionale. Perché, dovendo essere sovranazionale, la nuova politica economica europea doveva essere necessariamente neutrale. Infine perché la nuova politica economica europea doveva essere una politica di stabilità, per dare una base fiduciaria alla nuova moneta.

Ed è dunque solo in questi termini che la politica economica europea si è sostanzialmente identificata con le ideologie «liberali» che si sono affermate negli anni Ottanta. Ideologie appunto riduzionistiche del ruolo degli Stati.

È solo per questa ragione che tanto le ideologie liberali degli anni Ottanta, quanto il «Patto», convergono sulla scelta di ridurre il potere degli Stati nella manovra di finanza pubblica. In sé il «Patto» non è infatti programmaticamente né di destra né di sinistra.

Ma certo, proprio per la sua natura e per la sua funzione tipiche, il «Patto» ha compresso e comprime, dentro i suoi parametri rigidi, le vecchie politiche socialiste di «*deficit spending*». Basato sul principio di stabilità, come base della crescita, e su bilanci pubblici consolidati in equilibrio, come base fiduciaria, il «Patto» ha così di fatto invertito il movimento del pendolo della politica economica, che per mezzo secolo era stato invece orientato verso l'ideologia politica della spesa pubblica in deficit.

Prima di chiudere, un inciso sull'euro. Su come è stato fabbricato.

L'idea di base è stata quella europea classica. Usare l'economia come strumento di unificazione: «Federate i loro portafogli, federerete i loro cuori» (Jean Monnet).

Solo che, nel fare l'euro, da una parte si è esagerato, dall'altra parte si è invece mancato un obiettivo strategico. Si è esagerato, con il «tutto e subito». Con l'escludere l'ipotesi della doppia circolazione insieme dell'euro e delle vecchie monete, per molti anni.

Pensavano infatti i tecnici che la scelta «tutto e subito» servisse per fare l'Europa, prima e meglio. Creando subito, con la nuova moneta, un simbolo insieme concreto e universale di unificazione. Non solo si pensava dunque di fare una moneta senza politica. Ma si pensava anche di fare politica con la moneta. La via monetaria alla democrazia.

Invece è stato un boomerang. Perché l'imposizione totale e istantanea del solo euro ha agito potentemente e negativamente su di un bene economico e sociale prezioso: la capacità di calcolo. Cosa che non ha certo contribuito alla popolarità dell'Europa. Appunto un effetto boomerang.

Si è invece mancato un obiettivo strategico. In una logica meno domestica di quella che ha evidentemente ispirato la costruzione dell'euro, si poteva infatti considerare l'ipotesi di fare l'euro come il dollaro. A partire dall'unità di base: dalla banconota da 1.

La banconota da «1 dollaro» esiste dal 1862. La moneta da «1 euro» esiste dal 2002.

Invece la banconota da «1 euro» non esiste. Il modernissimo euro è infatti partito dal metallo, invertendo la secolare tendenza della ricchezza a «dematerializzarsi». Dal Faust di Goethe in poi, la magia della carta insegue e supera la fisicità del metallo. Stupisce che proprio a Francoforte non se ne siano accorti!

La questione della banconota da «1 euro» non è un *de minimis*. Perché la forza strutturale di una moneta dipende da un complesso e vario insieme di fattori. Fattori politici, economici, geografici. Non solo da fattori «monetari», tecnici sofisticati, imperscrutabili. Anche da fattori materiali e banali. In particolare, una moneta è tanto più forte, quanto più è diffusa. E, per la diffusione di una moneta, è certo necessario, ma non sufficiente, il fatto che nel mondo altri Paesi la utilizzino come moneta di riserva o che operatori internazionali la utilizzino per denominare mega-contratti. Serve anche qualcosa in più. La forza di una moneta deriva infatti anche dalla sua diffusione globale, dal suo uso terreno tra milioni di individui: per un piatto di cibo, per un paio di jeans, per un litro di carburante.

Fuori Europa, nel resto del mondo, le banconote in euro vengono progressivamente accettate. E questo è certo un fatto positivo, dopo appena tre anni.

Per contro, mentre la banconota da «1 dollaro» ha circolazione universale, le monete in euro vengono sistematicamente respinte. Cosa vuole dire? Vuole dire che, nella sua configurazione attuale, l'euro vola troppo alto per essere capillarmente e realmente diffuso. Questa non è una forza, ma una debolezza. È una debolezza perché, come in politica, così in economia i grandi numeri si fanno soprattutto con i piccoli numeri.

Il dollaro è un prodotto monetario che ha avuto un grande successo «commerciale». Perché non imitarlo? Ci sarà una ragione, se da 143 anni si stampa e circola la banconota da «1 dollaro».

I tecnici della moneta hanno dunque fatto politica, dove era meglio che non facessero politica. Hanno però mancato un non marginale obiettivo strategico, che invece poteva essere raggiunto.

Chiuso l'inciso, è evidente che su queste basi, nel suo complesso, e pur con enormi costi e negatività, che sarebbero state eliminabili consentendo la doppia circolazione, l'Europa monetaria ha centrato il suo obiettivo. Che era essenzialmente un obiettivo interno: l'integrazione monetaria di un'Europa che per suo conto non era ancora integrata politicamente. Il problema è che, se tutto questo era allora necessario, ora non è più sufficiente. Perché nel frattempo il mondo è cambiato. Rivoluzionariamente. Anche per quanto riguarda l'euro. Nella competizione globale l'euro si rivela infatti come una moneta imperfetta.

In conclusione, l'Europa va verso un futuro che non c'è più. Ispirata dalla sua guida politica elitaria, avanguardista e tecno-futurista, l'Europa continua imperterrita ad andare nella sua direzione di fondo: verso la costruzione graduale e sperimentale insieme dell'Unione politica, del mercato e della società perfetti, basati sull'uso di una moneta che per esistere può essere solo una moneta passiva.

Così strutturata l'Europa è una macchina politica che non regge più senza sviluppo e che non ha sviluppo perché si autospiazza sistematicamente, essendo costruita come un'isola ideologica in un mondo più grande e più pragmatico, fatta in un tempo superato dalla storia. Vediamo come e perché.

VII

Perché «questa» Europa è spiazzata

Il mercato «perfetto». Il mercato europeo è integrato nel mercato mondiale. Ma l'Europa non se n'è accorta. In questi ultimi anni, certo negli ultimi cinque, l'Europa non ha fatto quello che doveva fare. Ha invece fatto quello che non doveva fare.

Non ha fatto quello che doveva fare. Per esempio, non è riuscita a fare il brevetto comunitario, pur considerato strategico per competere.

Ancora, non ha fatto un'efficace tutela anti-contraffazione. Non ha tutelato neppure il suo nome: «CE» non vuole dire infatti solo «Comunità Europea», ma anche e impunemente «China Export».

Soprattutto, non c'è stata una reale protezione della produzione industriale europea. Eppure bastava che, pur all'interno dei meccanismi del WTO, l'Europa facesse almeno come gli USA.

L'Europa ha invece fatto quello che non doveva fare. Si è occupata della concorrenza interna. Ma ha ignorato la concorrenza esterna.

Non solo: mentre il mondo andava verso la competizione, l'Europa andava imperterrita nella direzione opposta, verso la regolamentazione.

Dato l'obiettivo teoretico di costruire, integrare, approfondire il perfetto mercato europeo, non solo è infatti vertiginosamente cresciuta la quantità assoluta delle regole, quasi sempre regole ideologiche e perciò artificiali e fonte di costi industriali e sociali addizionali, ma se ne è fatto un uso distorto.

Da un lato, come si è già notato sopra, un uso suicida delle norme che vietano gli «aiuti di Stato» e delle norme in materia di «Anti-trust». Dall'altro lato, ed è questo il vero centro del problema, si è fatta e si fa applicazione unilaterale del crescente catalogo delle regole europee.

Regole-costi che sono infatti richiesti o imposti alle industrie europee, ma non sono invece né richiesti né imposti alle industrie dell'Asia e/o sui prodotti che si importano dall'Asia.

È così che l'Europa è divenuta l'unica area al mondo che da un lato si autoimpone quantità crescenti di regole-costi, dall'altro lato si apre unilateralmente e quasi indiscriminatamente all'Asia.

Così celebrando il trionfo unilaterale di un mercatismo suicida.

In Europa, il *quantum* di regole imposto per unità di prodotto cresce sistematicamente. In Asia è quasi zero. Anzi, sottozero. Perché sono aree in cui le regole non ci sono o non sono applicate o sono sistematicamente violate. Di norma non c'è infatti, in Asia, uno standard di legalità. Ma all'opposto, quasi sempre, uno standard di illegalità. Perché qui gli unici tribunali che funzionano davvero sono i tribunali politici.

È mercato? È competizione? È l'opposto.

Il mercato è fatto da regole uniformi. La competizione si basa sulla parità delle condizioni di partenza.

Certo, anche noi in Europa, dopo la guerra, abbiamo fatto lo stesso, siamo partiti «dal basso». È vero. Ma è altrettanto vero che ora siamo nella posizione opposta: troppo «in alto».

Il suicidio ideologico dell'Europa si celebra nei termini che seguono. Prima negando la realtà, poi formulando contro chi la nota un'accusa rituale e che si vuole infamante. L'accusa di «protezionismo».

Nel lanciare questa accusa si attinge in specie al vecchio repertorio «liberale». Quando c'è uno che parla di «concorrenza sleale», allora: «Mettete mano al portafoglio». Certo, fino a che ce l'abbiamo, un portafoglio. Oppure: «Dove non passano le merci, passano gli eserciti». Siamo proprio sicuri che l'effetto finale degli attuali squilibri non sia proprio questo? Ancora: «Il protezionismo è l'estremo rifugio degli opportunisti». Certo, ma pure non vedere la realtà, che è esattamente opposta a quella idealizzata, è l'estremo rifugio degli imbecilli.

Protezionismo è in realtà pretendere di correre da soli. O di correre insieme con gli altri, ma con un metro di 90 centimetri. Invece, mentre i nostri concorrenti corrono con un metro di 0 (o sottozero) centimetri, noi in Europa corriamo con un metro di 150 centimetri. E, paradossalmente, con un metro che noi stessi ci siamo fabbricato e autoimposto.

Ma ancora per quanto? Nei termini presenti, la concorrenza cinese è difficilmente battibile in Europa. Non solo perché si basa su manodopera a basso costo, su tecnologia sempre più moderna, sulla più assoluta spregiudicatezza nell'applicazione delle regole. Ma soprattutto perché sfrutta, suo alleato più prezioso, la nostra falsa ideologia mercatista. Il nostro buonismo. La nostra miopia politica. I nemici non sono dunque i cinesi. I «nemici» sono tra di noi. In principio, e per principio, l'Europa puntava e punta al mercato.

Ma ora, con l'obiettivo del mercato europeo da costruire come se il mercato europeo fosse l'unico mercato e non solo una parte del mercato globale, l'Europa fa l'opposto. Fa come Penelope. Ma lo fa all'incontrario: di giorno disfa, di notte tesse, e tesse solo per sé una coltre sempre più spessa di regole-costi. A leggere via via negli anni la Gazzetta Ufficiale europea si ha in specie l'impressione che, con lo scorrere del tempo, in Europa le notti siano sempre più lunghe dei giorni.

La società *«perfetta»*. In Europa non deve essere perfetto solo il mercato. Deve essere perfetta anche la società.

Come si è notato sopra, l'effetto finale è quello stilizzato e cristallizzato di una società super-burocratica. E perciò appesantita da regole artificiali. Una società che nell'economia-mondo è divenuta inesorabilmente non competitiva.

Abbiamo in Europa troppi illusionisti e troppi giuristi. Abbiamo in Europa un nuovo Medioevo «giuridico». Il Medioevo era, nella nostalgia di Marx-Engels, un sistema di «variopinti vincoli», un sistema di diritti e doveri, totem e privilegi, superstizioni e status, dazi e gabelle, pedaggi e gilde e manomorte che segmentavano e quasi paralizzavano tutto l'esistente. È così anche ora, se pure in termini e per cause diversi. Le antiche superstizioni naturali e sociali sostituite ora dalle nuove superstizioni sociali in cui ha artificialmente preso e prende forma la nostra nuova società perfetta. È la trappola in cui ci siamo messi. Presa nell'ideologia di un nuovo integralismo giuridico, l'Europa non è un continente che possiede una legislazione, ma una legislazione che possiede un continente.

E proprio qui sta il nostro handicap. Nell'illusione pervasiva che la società perfetta codificata dall'Europa, essendo basata su regole, sia per questo una società *garantita* e perciò anche *perpetua.*

È così che la continua proiezione nell'ideologia del benessere garantito per legge, da un lato funziona sui popoli europei come uno stupefacente, dall'altro lato rende sempre più difficile e costoso fare quello che è ormai necessario: smontare gran parte della macchina. È così che è sempre più difficile e costoso il passaggio, imposto dalla competizione per la sopravvivenza, verso un modo di vivere diverso e necessariamente più terreno.

Infine la moneta «imperfetta». L'euro avrebbe anche potuto essere la moneta ideale per l'Europa, se il vecchio mondo avesse continuato a esistere.

Ma ora non è più così, nella competizione globale.

Diversamente dal resto del mondo abbiamo infatti in Europa una moneta comune, ma non abbiamo un efficace sistema di governo comune.

Non ci sono più da soli i vecchi Stati europei e non c'è ancora una vera Unione.

L'Europa non consente più agli Stati di governare come prima. Ma non governa ancora abbastanza.

Certo l'euro ci ha finora protetto, in un dato periodo di tempo e su specifiche ragioni di scambio. Per esempio, negli ultimi due anni, sul petrolio. Tuttavia dobbiamo avere chiaro che questi effetti positivi non ci sono stati solo perché li abbiamo voluti noi. Ma anche e soprattutto perché li hanno decisi gli altri e da fuori. Gli USA o la Cina, per esempio. I nostri concorrenti.

L'euro è finora certo stato un solido strumento patrimoniale, buono per mettere al riparo e conservare la nostra vecchia ricchezza. Ma è una moneta passiva, nella competizione globale. Una moneta senza politica, uno strumento economico che esaurisce la sua funzione nella dimensione monetaria e finanziaria e che non l'estende a quella reale. Uno strumento che prevede certo anche brevi cicli economici negativi, consentendo per esempio di raggiungere il famoso «3%» di deficit sul PIL. Ma che tuttavia non consente di gestire una crisi economica strutturale. Dunque, uno strumento valido per sopravvivere, ma non per competere. Uno strumento necessario per il presente, ma non sufficiente per il futuro.

E tuttavia, se non ci si ferma qui si può comunque, nonostante tutti questi limiti, trovare anche un nuovo punto di forza. Come si vedrà nell'Addendum («Che fare?») con cui termina questo libro c'è infatti ancora da estrarre il «dividendo di Maastricht».

La foto finale. L'Europa attuale è nel suo insieme, sovrapponendosi tutti questi vecchi materiali, una società rigida e non fluida, isolata e non competitiva, con vaste ambizioni e pochi poteri. Soprattutto, una società sclerotica e non innovativa. Infatti più avanza il nuovo, più si consolidano le illusioni e si rafforzano paradossalmente i reazionari. Ed è proprio questo, come si è premesso, il vero male dell'Europa.

Un male spirituale e culturale. Un vizio di meccano mentale. Chi ha studiato le vecchie carte, chi ha scritto i quaderni della vecchia «internazionale», li custodisce infatti e li difende rabbiosamente, come la fonte del suo potere. Incurante del fatto che ora le nuove carte ce le dà il mondo.

Ma prima di guardare al «Che fare?», guardiamo a quello che viene da fuori. Guardiamo alla Cina, per percepire l'intensità della rivoluzione in atto, per avere il senso dell'accelerazione del mondo. E poi guardiamo a quello che di riflesso sta succedendo nel cuore del «laboratorio» storico d'Europa, in Italia.

VIII
Il «grande balzo» della Cina

La politica di modernizzazione inizia in Cina più o meno venticinque anni fa. Ma è solo dopo il suo ingresso nel WTO, avvenuto l'11 dicembre 2001, che l'economia cinese esplode e fa il suo «grande balzo». In pochi anni i «numeri» che misurano la Cina salgono vertiginosamente, esponenzialmente. Numeri assoluti e numeri relativi, stock e flussi, velocità e traguardi. Ci sono tutte le evidenze di un fenomeno protagonista (potenziale) della storia futura del mondo. Per esempio, la Cina:

a) è il Paese più popolato del mondo: 1 miliardo e 300 milioni di abitanti ufficiali. Più forse 200 milioni di figli clandestini, generati violando le regole della politica del figlio unico. Per avere un'idea: in Europa abbiamo circa 500 milioni di abitanti, in USA circa 300;

b) calcolato in potere d'acquisto locale, ha già il secondo prodotto interno lordo pro capite del mondo.

In assoluto il prodotto interno lordo cinese, in crescita da anni a un tasso del 9%, ha già superato quello di Italia, Inghilterra e Francia. Sta pareggiando (superando) quello della Germania. Arriverà a quello del Giappone nel 2017 e a quello degli USA nel

2042. La Cina avrà, in assoluto, il primo prodotto interno lordo del mondo nel 2050;

c) è il primo consumatore mondiale di prodotti industriali e agricoli;

d) è il Paese del mondo che attira più investimenti esteri;

e) è il più grande utilizzatore di internet: oltre 130 milioni di utenze;

f) ha circa 600 miliardi di dollari di riserve valutarie;

g) ha le città più grandi del mondo. Pechino è la città più estesa. Chongqing è la città più popolata con più di 30 milioni di abitanti;

h) ha, dopo gli USA, la seconda rete di autostrade del mondo;

i) è il secondo consumatore di petrolio dopo gli USA. E così via.

È su queste basi che l'anno scorso usando la vecchia immagine del «secolo americano» (così definito per la prima volta da Henry Luce nel 1945), il «New York Times» ha per analogia profetizzato che il secolo appena iniziato sarebbe stato «*The chinese century*» (Il secolo cinese).

È un'analogia che funziona solo in parte.

Per cominciare è più facile essere d'accordo su cosa la Cina non è, e non sarà.

Non la Russia, perché con tutta evidenza la Cina non ha seguito e non segue il percorso di dissoluzione-trasformazione fatto dall'altro impero comunista, l'URSS.

Non l'India, che pure è un gigante per superficie e popolazione. Ma è un gigante diverso, un gigante «rallentato» dalla sua particolare filosofia di vita e dal peso enorme di un passato-presente costituito dalla sconfinata povertà delle sue masse. Masse che tuttavia, nella straordinaria democrazia indiana, fanno sentire la loro presenza e la loro voce politica influendo, con le loro ragioni sociali, sull'ordine spietato delle «priorità» capitalistiche. Un conto sono in specie le priorità in una democrazia, come in India, un conto sono le priorità in un capitalismo senza democrazia, come in Cina.

È invece più difficile essere d'accordo su cosa la Cina sarà. Per cominciare la Cina non è, e non sarà, l'America.

Il secolo avrà e vedrà certo la presenza enorme della Cina. Ma il secolo cinese, se ci sarà, non sarà comunque simile al secolo americano.

Al principio del secolo americano gli Stati Uniti d'America erano infatti un territorio ancora vuoto, ricco di risorse naturali, aperto all'immigrazione. Ancora nell'ultimo mezzo secolo la popolazione americana è quasi raddoppiata, passando dai circa 150 milioni di abitanti del 1950 ai circa 300 milioni di abitanti del 2004. Soprattutto per effetto dell'immigrazione e dei figli degli immigrati. Non solo. Nel secolo americano il mito della «frontiera» si è spostato, dall'interno all'esterno. La proiezione esterna dell'America, iniziata con la prima guerra mondiale, ideologizzata e diffusa nel mondo dopo la seconda guerra mondiale, si è in specie sviluppata su valori, miti, film, musiche, stili e costumi, su messaggi che sono quelli positivi tipici di una società moderna, progressiva, aperta. Dunque, di una società universale.

Per questo, tutti si sentono o vogliono essere un po' americani.

A differenza dell'America, la Cina non è infatti la somma di tante società diverse. Non è una società universale. È una società specifica. I cinesi, se anche si comportano e consumano come gli americani, restano comunque essenzialmente cinesi.

Se c'è un'analogia che si può fare per la Cina, è dunque e piuttosto un'altra analogia. L'analogia storica tra la nuova Cina e la vecchia Germania. Ci sono in effetti tratti comuni impressionanti, tra la Cina di oggi e di domani e la Germania tra la fine dell'Ottocento e la prima metà del Novecento.

Come è stata la vecchia Germania, allora pure un gigante mondiale, essendo a quel tempo il mondo relativamente più «piccolo», la Cina è un Paese che, pur fortemente proiettato verso l'esterno, è tuttavia fortemente specifico. Per un Paese proiettato verso l'esterno, l'assoluta specificità è certo una forza, ma è anche una debolezza. Come allora nessuno che non fosse tedesco voleva essere tedesco, così oggi nessuno che non sia cinese vuole essere cinese.

La Cina è inoltre e soprattutto un Paese che somma insieme al suo interno e proietta all'esterno, in una dialettica drammatica e potenzialmente esplosiva, positività e negatività, immense forze e tremende debolezze.

• Le forze. La Cina ha una straordinaria forza interna basata sulla sua economia, sulla sua società, sul suo sistema politico. La Cina combina infatti la massa critica propria di un enorme mercato interno, attuale e potenziale, con la massa di riserva della manodopera contadina da chiamare in fabbrica. Ha una cultura storica unitaria, una filosofia religiosa, prima ancora che politica, basata sui principi dell'autorità e della responsabilità. Crede nel suo futuro di grandezza, perché ha un passato di grandezza. In fondo, per la Cina mezzo secolo è una goccia nell'oceano del tempo. Si tratta solo, per la Cina, di aspettare mezzo secolo, per riequilibrare la storia. Dopo le orde mongole e dopo le pressioni occidentali, nell'Ottocento. Ancora: la Cina ha un sistema politico basato sul potere unico dell'esecutivo, che dà forma e sostanza a un'economia di comando. Un sistema politico che è certo «ottimo», per realizzare il massimo in un tempo minimo. Senza le «vischiosità» che sono invece tipiche della democrazia. Ed è in specie proprio questo che rende paradossalmente super-popolare la Cina comunista proprio nel mondo capitalista occidentale.

• Le debolezze. Le debolezze sono simmetriche. Per cominciare, troppa popolazione su poca estensione. La Cina è grande più o meno come gli USA, ma sulla stessa superficie ha almeno 1 miliardo di abitanti in più. Non solo. Ha una popolazione che invecchia vertiginosamente.

Nel 2025 i giovani sotto i 40 anni saranno una minoranza. Il 58% della popolazione avrà più di 40 anni. Più di 300 milioni di cinesi avranno più di 60 anni. Non solo. Si sta squilibrando fortemente il rapporto tra maschi e femmine. Per l'effetto perverso di questa negativa combinazione nel 2025 i tre quarti delle famiglie cinesi non avranno più figli.

La povertà si addenserà sui vecchi e nell'interno del Paese.

Inoltre, la Cina non ha risorse naturali. E quelle che utilizza per la produzione, risorse minerarie per ora, in attesa della nuova sterminata e pianificata catena di centrali nucleari, sommate alle emissioni da consumo, fanno della Cina una potenziale bomba ecologica.

Il consenso popolare al regime politico, un regime che nega quasi tutte le libertà tranne la «libertà» di lavorare e di consumare, è in realtà molto debole, nonostante l'apparenza di forza. Perché è essenzialmente basato sul presupposto dinamico di una continua crescita economica. Se la crescita economica si ferma, è il caos sociale. Crescita e consenso politico sono così drammaticamente e direttamente proporzionali.

In specie la Cina, come tutti gli organismi in crescita, può avere una crisi.

Nell'economia cinese si stanno sommando, come in una bolla, gli elementi per un nuovo 1929: eccesso di capitale più eccesso di produzione, banche che finanziano l'economia senza limiti e cambi drogati.

Va tuttavia notato che questa è una negatività potenziale, ma solo transitoria. È infatti più che probabile che, una volta superata la sua eventuale crisi «fisiologica» di crescita, la Cina continui poi la sua espansione.

Le ripercussioni di un'eventuale crisi cinese sulle economie occidentali, che già contengono la bolla dei fondi speculativi (i cosiddetti *hedge funds*), sarebbero invece probabilmente molto più traumatiche.

In questi termini, la Cina si presenta e avanza nel mondo come un vastissimo e insieme fragilissimo equilibrio di squilibri. E non è certo compensato, ma è anzi all'opposto annunciato, questo potenziale squilibrio, dalla *escalation* militare della Cina (bomba atomica nel 1964, satellite nel 1970, astronauta nel 2004), dalle spese militari nascoste nelle pieghe dei bilanci pubblici, dalla proiezione geopolitica verso l'esterno, dai missili capaci di raggiungere bersagli anche fuori dall'area del Pacifico, dalla crisi internazionale di riserva per Taiwan, dal ricatto di una crisi economica mondiale che potrebbe essere causata da uno stop alla Cina, dallo spettro della volontà o della necessità di un'espressione di potenza.

IX

L'Italia «laboratorio d'Europa»

Nei secoli si è detto che, tanto in positivo quanto in negativo, l'Italia è il laboratorio d'Europa.

Fino al 2001, tutto in Italia era in realtà o appariva «normale». Le debolezze strutturali createsi dentro il sistema nei decenni precedenti, il debito pubblico, il calo demografico, la fine delle grandi industrie, l'eccessiva burocrazia, erano infatti compensate dalla forza di un sistema economico allora ancora molto vitale.

L'idea della normalità era in specie naturalmente diffusa, tanto tra la popolazione quanto tra le forze politiche. E non solo a destra, anche a sinistra («Il futuro che abbiamo davanti non ci fa paura» (Programma del centro-sinistra, elezioni politiche 2001). Poi si è avuto sull'Italia il doppio impatto causato insieme dalla Cina (dall'Asia) e dall'euro.

Chi parla di crisi dell'Italia spesso non dice perché c'è crisi. O non la dice tutta. Proviamo qui di seguito ad analizzare le cause di crisi.

Per cominciare, l'11 settembre non centra niente. L'11 settembre è stato in America e, come si è notato sopra, non ha avuto effetti economici né in America, né nel resto del mondo. È l'Europa che si è fermata, per suo conto. E insieme con l'Europa, si è fermata l'Italia.

L'11 settembre non può dunque essere usato in Italia né per formulare un'accusa: «Dovevate accorgervene!», né per rimproverare una mancata astuzia: «Dovevate usarlo come alibi». Le cause di crisi erano infatti differenti. Erano profonde, venivano da lontano, erano difficili da capire e da gestire, difficili persino da spiegare a chi pensava *diverso*.

E poi il campo di ricerca delle soluzioni non era certo limitato all'Italia, ma esteso all'Europa.

Partiamo dall'Italia. Se un veicolo pesante passa su di un viadotto non solidissimo, il viadotto può resistere.

Se invece ci passano sopra contemporaneamente due veicoli pesanti, il viadotto può cedere, perché va in risonanza. In Italia abbiamo avuto in tre anni l'impatto congiunto della Cina e dell'euro.

Non solo. Dopo, e a cascata, la crisi prodotta dall'impatto congiunto di questi due fattori ha via via modificato il clima, ha fatto emergere e precipitare e drammatizzato altre crisi. Crisi industriali e finanziarie che prima erano in qualche modo rimaste latenti o sospese o potenziali.

È sbagliato dire che le cause di crisi sono solo europee. È per contro sbagliato dire che sono solo italiane. Infatti la visione giusta o è d'insieme, o non è. Guardare l'insieme non è dunque sottrarsi alle responsabilità, ma guardare la realtà.

Del resto, in tutta Europa è lo stesso. In Italia, l'opposizione dice che l'Italia non è mai andata così male. Mentre la Germania andrebbe bene. In Germania, l'opposizione dice invece che la Germania non è mai andata così male.

Anche negli anni Novanta, la crescita italiana è stata sotto la media europea e il deficit italiano è stato sopra la media europea. Ma poi in Italia è successo qualcosa in più. Cina ed euro hanno certo prodotto il loro impatto su tutta l'Europa. Soprattutto sul blocco centrale europeo. Ma hanno avuto *effetti speciali* proprio sull'Italia e in Italia. Per le ragioni che seguono.

Il fattore Cina. È stata l'Italia a entrare nel mercato unico mondiale o è stato il mercato unico mondiale a entrare in Italia? Per verificarlo è opportuno fare prima una rassegna della debolezza e della forza dell'Italia.

• La debolezza dell'Italia. L'Italia ha ormai un numero molto limitato di grandi industrie. Non era così negli anni Settanta. Poi il numero delle grandi industrie è via via sceso. Per ragioni diverse, ma congiunte. Per i limiti strutturali del nostro sistema capitalistico. A causa dell'assenza di un solido mercato finanziario fatto da fondi pensione, ritenuti per decenni non necessari, dentro un sistema previdenziale esclusivamente pubblico. E, di riflesso, a causa della particolare struttura e funzione delle banche italiane, che per decenni hanno avuto la funzione di finanziatrici quasi esclusive delle industrie. E poi a causa della storia delle famiglie imprenditoriali italiane, con la criticità del grande passaggio generazionale. Dai fondatori, attivi già nel dopoguerra, ai figli. E poi ancora troppo Stato, prima. E poco mercato, dopo. La politica delle partecipazioni statali, prima. E la politica delle privatizzazioni «oligarchiche», dopo. È così che l'Italia è via via uscita da chimica, elettronica, farmaceutica, ecc.

L'Italia è conseguentemente quasi del tutto fuori dai settori industriali a più alta intensità di ricerca e perciò a più alta crescita. Sono rimasti solo 5 gruppi che spendono in ricerca più di 100 milioni di euro all'anno. Ci sono nel mondo multinazionali che fanno enormemente di più.

• La forza dell'Italia. Oltre al turismo, perché nel 2004 siamo ancora e comunque tra i primi 4 Paesi al mondo per introiti turistici, e oltre al primo patrimonio artistico-culturale del pianeta, l'Italia ha più di 200 «distretti industriali» che contano al loro interno una vastissima platea di imprese, certo spesso troppo piccole, ma organicamente aggregate tra di loro in sinergia e specificamente radicate sul territorio. In particolare è stato scritto (Marco Fortis, *Le due sfide del made in Italy: globalizzazione e innovazione*) che sono i distretti che esprimono le «4 A» dell'eccellenza manifatturiera italiana: Agroalimentare, Abbigliamento-moda, Arredo-casa, Automazione meccanica.

Più in dettaglio, nel 2004:

a) l'industria alimentare e delle bevande italiana ha generato un valore aggiunto pari a 18 miliardi di euro, superiore a quello delle industrie tedesca e finlandese degli apparecchi telefonici, radio e TV, messe insieme;

b) abbigliamento-moda e arredo-casa hanno generato insieme un valore aggiunto pari a 42,4 miliardi di euro, superiore a quello dell'industria tedesca degli autoveicoli, che è la più grande del mondo con 38,2 miliardi di euro. O superiore a quello dell'intera industria della Svezia, pari a 41,7 miliardi di euro;

c) la meccanica italiana, esclusa l'elettronica, ha generato un valore aggiunto pari a 54,3 miliardi di euro ed è dunque seconda in Europa solo a quella tedesca.

Ne derivano i numerosi primati finora detenuti dall'Italia nella produzione industriale e nell'export mondiale. Solo per citare alcuni casi, siamo ancora nel 2004 a livelli di primato nelle pelli conciate, nei tessuti di lana, nei foulard e nelle cravatte, nella gioielleria, nell'occhialeria, nel mobilio, nelle pietre ornamentali, nelle piastrelle, nelle cappe aspiranti per cucine, nei frigoriferi e nelle lavastoviglie, nei telai per tessitura, nelle macchine per calzature, nelle macchine per lavorare i cereali, per produrre il vino, per lavorare i minerali non metalliferi e per colare i metalli, nelle giostre e nelle attrezzature per luna-park, negli yacht, nelle selle e nei componenti per biciclette da corsa e in molti prodotti alimentari (pasta, conserve di pomodoro, formaggi e insaccati tipici) e dell'agricoltura (uva, pesche). Nel 2004 siamo i secondi esportatori mondiali nelle calzature, nei tessuti di lino e seta, nei vestiti (completi), negli apparecchi per riscaldamento, nella rubinetteria e valvolame, nelle macchine agricole per la preparazione del suolo, nelle macchine per l'industria alimentare, per l'imballaggio, per il finissaggio dei tessili, per lavorare le materie plastiche e il legno, nei laminatoi per metalli, nel vino e nell'olio di oliva.

È su queste basi che l'Italia può contare 9 tra le 40 regioni più ricche d'Europa per prodotto interno lordo pro capite a parità di potere d'acquisto, come la sola Germania, davanti all'Inghilterra (4) e alla Francia (1).

Va infine aggiunto che probabilmente il PIL ufficiale italiano è sottostimato. Ciò non solo a causa del «sommerso», ma anche a causa della particolare struttura proprietaria delle imprese italiane che, essendo prevalentemente familiari, a differenza delle grandi società europee quotate in borsa, non consolidano nei loro bilanci tutta la ricchezza effettivamente prodotta e posseduta all'estero.

Ora tutto questo, tanto il mitico «made in Italy», quanto la ricchezza di base accumulata in tante regioni, rischia però la crisi.

Non è che l'Italia sia diventata più lenta. È che la velocità del mondo è cresciuta. Di colpo. Il cosiddetto nanismo, la piccola dimensione delle imprese italiane, l'alto costo del lavoro o l'IRAP, la carenza di infrastrutture e l'eccesso di burocrazia c'erano anche cinque anni fa, quando ancora tutto andava più o meno bene. È solo oggi che questi fattori producono, insieme con tante altre cause di crisi sopravvenute, un drammatico effetto di spiazzamento competitivo dell'Italia.

Le nostre «4 A» possono essere abbattute, una dopo l'altra.

Le cause si trovano essenzialmente in tre poderosi mutamenti di scenario, che insieme hanno bruciato da soli la ragguardevole cifra di 32 miliardi di euro:

1) il saldo commerciale dell'Italia con la Germa-

nia, nostro principale mercato, da attivo per 4,4 miliardi di euro, come era nel 1996, si è trasformato in un enorme passivo di 12,5 miliardi nel 2004. Con un peggioramento complessivo di quasi 17 miliardi.

I tedeschi, appesantiti da una crisi economica che ha portato il livello dei disoccupati a superare nel gennaio del 2005 il tetto dei 5 milioni di cittadini, comprano sempre meno prodotti di qualità del «made in Italy», acquistando beni meno cari provenienti dall'Est europeo e dall'Asia. Per contro, gli italiani hanno importato in misura crescente negli ultimi anni telefonia, elettronica di consumo, PC e auto di lusso provenienti dalla Germania;

2) a seguito dei forti rialzi dei prezzi del petrolio e del gas naturale, intervenuti dal 2000 in avanti, il passivo dell'Italia verso l'aggregato OPEC-Russia è cresciuto dai 4 miliardi di euro del 1996 ai 12,9 miliardi del 2004, con un peggioramento complessivo di 8,9 miliardi di euro. Per avere un'idea di ciò che è successo, la Cina costituisce ora il 45% della nuova domanda mondiale di petrolio;

3) tra il 1996 e il 2004 si è registrato uno straordinario aggravamento del passivo bilaterale dell'Italia verso la Cina, che dai 930 milioni di euro del 1996 è salito nel 2004 fino alla cifra record di 7,4 miliardi di euro con un peggioramento per l'Italia di 6,4 miliardi.

Sul lato interno, è certo iniziata in Italia la reazione. Tanto dal lato privato, quanto dal lato pubblico.

Nel corso di questi ultimi quattro anni il messaggio ha cominciato ad arrivare. Sempre più forte, sempre più chiaro.

Dal lato *privato*, una volta presa coscienza della realtà, sono già iniziate, nel profondo dell'economia italiana, positive trasformazioni.

Dovevamo già essere falliti negli anni Settanta. E non è stato così. Per un riallineamento dell'apparato industriale come quello italiano, considerando la magnitudine delle forze che agiscono da fuori, considerando l'intensità dei cambiamenti interni necessari, i due o tre anni che sono appena passati non sono poi un tempo troppo lungo. E, tuttavia, tutto questo da solo non basta. Serve come vedremo anche una reazione europea.

Dal lato *pubblico* sono state comunque garantite in Italia la tenuta del sistema sociale e la tenuta sostanziale dei conti pubblici. In un continente in cui il rispetto della regola del 3% non è la regola, ma l'eccezione. Essendo oltre il 3% più del 70% del prodotto intero lordo europeo. Non solo. In tre anni, partendo sostanzialmente da zero, e in un contesto che si faceva via via sempre più difficile e dunque sotto sforzo, sono state poi realizzate quattro grandi riforme strutturali: la riforma del mercato del lavoro (competitivo in Europa), la riforma del Welfare State (bene reputata in Europa), la riforma delle infrastrutture (prima bloccate), la riforma dell'istruzione scolastica e universitaria (il nostro futuro). Non solo: la riforma dell'imposizione societaria, la riforma del diritto societario, la riforma del diritto fallimentare. E altro. Sono ancora da fare: la riforma del risparmio, la riforma delle professioni, più liberalizzazioni, una reale politica legislativa di semplificazioni e codificazioni, l'abbattimento del costo del lavoro.

Tuttavia, se tutto questo è ancora assolutamente da fare, non basta. Il problema più grave dell'Italia, per il suo futuro, non è infatti economico. È soprattutto demografico.

Due dati chiave. Nel 2050 la popolazione italiana calerà di 10 milioni. Gli anziani con più di 80 anni saranno oltre 7 milioni.

La riforma delle pensioni ha reso più sostenibile la spesa pubblica. Ma un'ulteriore azione, in particolare sulle famiglie e sui figli, resta ancora tutta da fare.

Il luogo principale per fare un'azione politica su questo campo non è comunque più solo in Italia. È soprattutto in Europa. È ancora per questo che alla fine del libro si trova un Addendum con ipotesi di politica europea.

E poi, insieme con la Cina, l'euro. Con l'unione monetaria ci hanno guadagnato tutti. La Germania ha avuto la riunificazione. La Francia il suo ruolo, la sua proiezione esterna, culturale, legislativa, amministrativa.

L'Italia ha «consolidato» il suo debito pubblico. Abbiamo il terzo debito pubblico del mondo, ma non siamo la terza economia del mondo.

L'euro è stato dunque straordinariamente positivo, per i conti pubblici.

Ma non è stato invece completamente positivo, per i conti privati. Quello che abbiamo guadagnato in termini di consolidamento del bilancio dello Stato, lo abbiamo infatti in parte perso, o pagato, in termini di economia reale.

Il Paese nel suo insieme ci ha guadagnato. Ma il

settore privato ha pagato per il settore pubblico. Come in tutte le operazioni di consolidamento, qualcuno del resto doveva pure pagare.

Negli anni in cui è stato deciso l'ingresso dell'Italia nell'euro, la conduzione della politica monetaria italiana era molto seria e affidabile. E questo è stato un dato di fondo, essenziale. Ma l'Italia non ha *prima* centrato il 3% di Maastricht e *poi,* e per questo, è entrata nell'euro. All'opposto, *prima* l'Italia è entrata nell'euro, per scelta politica europea, e *poi,* e per questo, ha centrato il 3%. In particolare, l'Italia è entrata nell'euro per scelta politica, soprattutto perché in Germania si temeva la concorrenza di un'Italia che svalutava la sua lira. La Germania non aveva più la forza del marco e non accettava di competere, senza più il suo marco, con un'Italia che, assorbita la tempesta monetaria del 1992, era temibile perché aveva una moneta flessibile. Una volta presa la decisione politica di ingresso nell'euro, l'Italia ha poi centrato il 3%, per effetto della conseguente ormai decisa convergenza dei tassi italiani sui tassi europei. Tassi che a loro volta stavano strutturalmente scendendo nel mondo e dunque anche in Europa.

I conti pubblici italiani hanno enormemente beneficiato proprio del processo finanziario di discesa dei tassi di interesse sul debito pubblico. Un processo che, va notato, è continuato anche negli ultimi quattro anni. Il mitico differenziale tra titoli pubblici italiani e *bund* tedeschi è infatti sceso, tra il 2001 e il 2005, da 40 a circa 20 punti base.

A riprova storica dell'incertezza del 3% italiano,

provata dall'ultima revisione Eurostat, che per il 2001 non cifra il previsto 0,8% ma un 3,2%, c'è soprattutto il fatto che, nel periodo del cosiddetto «risanamento» dei conti pubblici italiani, la spesa pubblica corrente ha continuato a salire. La spesa pubblica per investimenti a scendere.

In specie sono stati fatti ben 5 punti di PIL (oltre 120.000 miliardi di vecchie lire) di finanza creativa o straordinaria o «una tantum»: invenzione delle «cartolarizzazioni», ferrovie, *swaps* di fine anno sullo yen, vendita delle licenze UMTS, «anticipi» di imposta, tanto sulle imprese quanto sulla borsa, ecc. Per contro, nella stagione buona, da cicale e non da formiche, non sono state fatte riforme strutturali. Escluso il cosiddetto «pacchetto Treu» in materia di contratti di lavoro.

È comunque sui conti privati che l'impatto dell'euro non è stato univocamente positivo.

Su due piani. Sul piano della competitività delle imprese. Sul piano del potere d'acquisto delle famiglie.

Il saldo totale è, si ripete, positivo ma, per come è stato fatto, per i tempi e per i metodi applicati, il passaggio dalla lira all'euro ha in specie prodotto in contropartita, nei conti privati, nell'economia reale del Paese, tre effetti non totalmente positivi in soli tre anni.

Tre effetti traumatici, tanto nella loro composizione, tutti e tre insieme, quanto nella tempistica, tutti di colpo.

• Primo effetto. Lo spiazzamento competitivo. L'economia italiana è passata di colpo, improvvisamente, da un eccesso all'eccesso opposto, dalla svalutazione alla supervalutazione. Questa fra l'altro decisa non da noi, in Europa, ma – si ripete – dall'esterno e proprio dai nostri concorrenti. Gli USA si lamentano per la concorrenza cinese, anche perché la Cina continua a tenere sostanzialmente agganciato al dollaro il suo yuan. Cosa dovremmo dire noi?

In astratto, si può affermare che l'industria italiana ha avuto tutto il tempo per organizzarsi. In concreto, come si è già notato, è difficile pensare che il riallineamento di un sistema produttivo, da sempre strutturato in una direzione, possa essere operato in due o tre anni. I tempi dell'industria non sono i tempi della finanza.

• Secondo effetto. La caduta dei saggi di interesse, che è stata strutturale nel mondo nel corso degli anni Novanta, ed è stata poi blindata dall'euro in Europa, è certo potenzialmente positiva per gli investimenti, perché con tassi bassi il denaro per investire costa poco. Ma, in questi termini, è positiva a una sola condizione: che ci siano i presupposti per investire nell'industria: ovvero fiducia, prospettive, ordinativi. Se invece questi mancano, bassi tassi di interesse servono a poco o, all'opposto, sostengono investimenti essenzialmente patrimoniali e perciò non produttivi. E causano dunque l'effetto contrario rispetto a quello che serve: il dirottamento dei flussi, dalla produzione alla rendita. La discesa dei tassi di interesse non è stata poi positiva per i risparmi. In particolare in Italia. L'Italia è infatti un Paese caratterizzato da un lato da alta propensione al risparmio e dall'altro dalla prevalenza dell'impiego del risparmio in titoli o strumenti pubblici o privati, comunque con rendimento costituito da interessi.

È così che, per decenni, gli italiani si sono pagati una parte dei loro consumi, soprattutto gli extra: con il rendimento in interessi del loro risparmio. Con l'euro questi sono calati di molto e di colpo.

Di riflesso, la caduta dei saggi di interesse ha influito negativamente sulla domanda e sul mercato.

Anche in questo caso, il passaggio da un regime all'altro, dal vecchio al nuovo, è stato improvviso e, dal punto di vista delle famiglie, traumatico.

La perdita è stata temporaneamente compensata dallo spostamento del risparmio sulla borsa. Lo scoppio della bolla speculativa ha però, subito dopo, fatto venire meno anche questa forma di impiego compensativo.

Senza contare infine il limitato uso, da parte degli italiani, delle carte di credito.

Negli altri Paesi, che finanziano i loro consumi proprio con le carte di credito, tassi bassi vuol dire consumi alti. In Italia è stato l'opposto.

• Terzo effetto. Il *change-over*, l'operazione di passaggio dalla vecchia alla nuova moneta, dalla lira all'euro, per com'è stata pianificata in Europa, non è stata neutrale.

All'opposto, ha prodotto, e in tutta Europa, colossali effetti di spostamento di ricchezza, dalla domanda all'offerta, dalla circolazione ai patrimoni, da un ceto sociale all'altro. Effetti comparabili, per dimensione e per direzione, solo a quelli che un tempo producevano le guerre.

Fuori dal freddo delle statistiche, per le strade e nelle piazze d'Europa, non solo d'Italia, anche di Francia, di Olanda, di Germania, si sente infatti dire che i prezzi sono saliti o, alternativamente, che i salari o gli stipendi sono scesi. Due modi diversi per affermare la stessa cosa: che il *change-over* non è stato neutrale. Come invece era stato scientificamente previsto e garantito.

In specie, il passaggio dalla lira all'euro ha prodotto un colossale effetto di «illusione» monetaria. Al termine, la parte della popolazione che viveva a reddito fisso è stata vittima di questa illusione e si è trovata più povera. L'altra parte, che ha sfruttato questa illusione, o che ne ha comunque beneficiato, si è invece trovata più ricca.

In particolare, le cause dell'euro-illusione italiana possono essere sintetizzate come segue:

a) per l'Italia, il cambio imposto è stato fissato a 1936,27 lire. Questo cambio non è stato solo sfavorevole, nelle sue ragioni economiche fondamentali. È stato anche illusorio, in termini materiali. Prima si sono persi i centesimi (non 1936,27 ma 2000) e la quadratura è dunque stata 2000 lire = 1 euro. Poi è scomparsa la vecchia moneta di riferimento (la lira) ed è conseguentemente di fatto avvenuta, senza più il vecchio parametro di controllo diretto da parte del consumatore costituito dalla lira, e sotto la spinta di interessi rialzisti opposti, un'inversione illusoria. Un'inversione che ha portato a una parità rovesciata: 1 euro = 1000 lire.

A volte sono proprio le piccole cose che fanno le grandi cose. Il diavolo sta nei dettagli;

b) in Italia la struttura produttiva e distributiva non è concentrata in grandi unità, ma diffusa in una miriade di piccoli esercizi, dove il cambio non è stato fatto meccanicamente con il computer, ma in modo istintivo, irrazionale, a volte miopemente egoistico. Perché dopo un po', impoverendo la tua clientela, ti ritrovi anche tu con l'esercizio vuoto;

c) in Italia, da almeno mezzo secolo, avevamo perso l'abitudine di usare monete metalliche ad alto valore. Non solo: monete piccole, che creano incertezza in una popolazione molto anziana con problemi di vista, come è la popolazione italiana.

Per verificare empiricamente quali difficoltà crei l'uso della moneta metallica piccola, ma ad alto valore, basta stare un'ora al bar o davanti a un'edicola. E verificare come si pagano le consumazioni, come si manovrano le mance sul caffè, come si contano i resti.

In termini di errori sul dare e sull'avere, si può calcolare che ogni giorno si subisce una «tosatura», uno sfrido di almeno 1 o 2 euro. Moltiplicati per trenta, possono arrivare a 30 o 60 euro al mese. È sui piccoli numeri che si fanno i grandi numeri. Grandi soprattutto per chi è diventato più povero.

L'errore non è stato dunque quello di non imporre il cartellino con il doppio prezzo, ma di non avere consentito, e a lungo, la doppia circolazione: insieme con l'euro, anche quella delle vecchie monete nazionali. Quello che serviva davvero era la lira, non i cartellini. Una prova? Non solo in Italia, in Francia per esempio, il 58% della popolazione dichiara ancora di avere difficoltà di «adattamento» nell'uso dell'euro. Dopo oltre tre anni di euro, pure adesso che è «avvertita», la gente continua dunque a essere disorientata.

Quanto all'altra critica polemica sui presunti mancati «controlli» in Italia, non solo svela una mentalità poliziesca (1 consumatore, 1 poliziotto, dato che il consumatore non riesce a essere il poliziotto di se stesso), ma non tiene conto del fatto che il medesimo problema si è verificato anche in altri e non criticati Paesi. Ancora. Proprio chi critica ha fatto per l'Italia una legge che limitava a soli due mesi la doppia circolazione euro-lira. Altro che cartellino con il doppio prezzo. In realtà, fuori dai casi di permesso di doppia circolazione, il «controllo sui prezzi» non è mai riuscito nella storia. Neppure all'imperatore Vespasiano.

In sintesi, l'euro poteva (doveva) essere da subito *la* moneta per fare i grandi bilanci, pubblici e privati, per denominare i grandi contratti. Ma per le piccole operazioni, rasoterra, doveva essere consentito anche l'uso lungo della vecchia moneta.

È stato così che l'euro ha gravemente lesionato in tutta Europa e non solo in Italia un bene economico fondamentale: la capacità di calcolo.

Come si è già notato, la scelta «monetaria» è stata una scelta politica.

Perché si pensava di «fare l'Europa» imponendo da subito e di colpo uno strumento comune europeo. È stato il contrario. L'operazione «tutto e subito» ha infatti prodotto un effetto boomerang.

In realtà, la natura dei problemi connessi al passaggio da una moneta vecchia a una moneta nuova non è *solo* di tecnica monetaria, ma anche empirica, pratica, politica. Politica nel senso di capire cosa fa e cosa vuole davvero la gente.

X

Cina «versus» Italia

Il futuro, per la Cina e per l'Italia. Finora abbiamo visto la foto. Ora vediamo il film. Quanto segue è tratto da una ricerca recentissima (del già citato Marco Fortis).

Tra il 1990 e il 2003 la quota della Cina nell'export mondiale è salita dall'1,9 al 6,5% (con un incremento di 4,6 punti). Nel 2003 è avvenuto un «sorpasso» storico: quello della Cina ai danni del Giappone tra i principali Paesi esportatori.

La Cina vanta ormai i due terzi della produzione mondiale di macchine fotocopiatrici, forni a microonde, lettori DVD, calzature, oltre la metà di quella di videocamere digitali e circa i 2/5 di quella di computer. Non si tratta solo di produzioni per conto terzi, anche se il ruolo delle multinazionali USA, giapponesi ed europee è stato sinora trainante nello sviluppo cinese. Infatti, anche i grandi gruppi industriali cinesi giocano ormai un ruolo di primo piano nella competizione internazionale, come mostrano i casi della Haier (tra i leader mondiali negli elettrodomestici e nei prodotti per la casa), di Galanz (leader mondiale nei forni a microonde), di Lenovo (che ha recentemente acquisito la divisione PC della IBM), per non parlare di molte aziende più piccole che stanno crescendo a ritmi vertiginosi in particolari nicchie di mercato (come Pearl River Piano, BYD Battery, China International Marine Containers, ecc.).

Il cospicuo saldo commerciale attivo della Cina con l'estero (che secondo prime stime dovrebbe aver superato i 32 miliardi di dollari nel 2004) e il continuo afflusso di investimenti diretti esteri nel grande Paese asiatico hanno prodotto un enorme aumento delle riserve valutarie cinesi, passate dai 139,9 miliardi di dollari di fine 1997 a 514 miliardi di dollari a fine settembre 2004 e, secondo prime stime, a circa 600 miliardi a fine 2004. Le riserve valutarie cinesi sono ormai seconde solo a quelle giapponesi, che sono pari a 845 miliardi di dollari. In una simile situazione in un regime di cambi fluttuanti la valuta di un Paese tenderebbe ad apprezzarsi, mentre il cambio yuan-dollaro è artificiosamente mantenuto invariato dal 1992. Inoltre negli ultimi anni gran parte del surplus valutario cinese è stato reinvestito in titoli di Stato americani, generando tra le economie USA e cinese un intreccio assai complicato con conseguenze destabilizzanti per gli equilibri economici mondiali.

La concorrenza asimmetrica della Cina, grazie al basso costo del lavoro, al dumping sociale e ambientale, ai finanziamenti quasi a fondo perduto che le banche erogano ai settori produttivi, ai sussidi all'export, alla contraffazione di prodotti e marchi, nonché alla citata sottovalutazione artificiosa dello yuan nei riguardi dell'euro, sta generando distorsioni formidabili nel commercio internazionale, con gravi ripercussioni sugli altri Paesi manifatturieri, sia avanzati sia in via di sviluppo. Nel solo settore del tessile-abbigliamento, per esempio, la crescita senza freni della Cina potrebbe portare la stessa a detenere nel settore una posizione di quasi monopolio a livello mondiale, con una perdita di posti di lavoro negli altri Paesi valutata in circa 30 milioni di persone.

L'Italia sta vivendo in modo del tutto particolare le conseguenze della crescente espansione commerciale della Cina. La nostra specializzazione manifatturiera ci espone infatti più di tutti gli altri Paesi avanzati alla concorrenza del gigante asiatico. Circa la metà dei nostri prodotti che finora presentano un saldo positivo con l'estero (per un attivo corrispondente di 44 miliardi di euro) vede oggi la Cina come principale concorrente dell'Italia. La concorrenza asimmetrica della Cina non solo ha già determinato un forte passivo commerciale bilaterale italo-cinese (pari ormai a 7,4 miliardi di euro, un «buco» dunque solo del 10% inferiore a quello che abbiamo con l'intera OPEC). Ma anche una generalizzata perdita di quote di mercato da parte delle nostre imprese esportatrici su scala mondiale e in particolare in Europa.

Nel 2004 il passivo bilaterale della Ue a 15 con la Cina ha toccato la ragguardevole cifra di 70,9 miliardi di euro. Circa i 2/3 di questo passivo è costituito dagli approvvigionamenti di beni come computer e loro parti, apparecchi elettrici ed elettronici, telefonia e giochi, effettuati dalle grandi multinazionali che hanno delocalizzato in Cina proprie produzioni o le hanno affidate ad aziende cinesi. Per il rimanente 1/3 l'attuale passivo bilaterale Ue-Cina è invece prevalentemente generato dalla sistematica sostituzione di prodotti del «made in Italy» (come abbigliamento, calzature, mobilio, gioielli, occhiali, casalinghi, rubinetteria, ferramenta, ecc.) con merci cinesi, ritenute più convenienti dai grandi gruppi di acquisto, specie nel Nord Europa.

Chi ha fatto maggiormente le spese dell'aggressività cinese sul mercato europeo in termini di perdita di quote di mercato è dunque certamente l'Italia. Secondo i dati dell'Eurostat tra il 1996 e il 2004 l'import complessivo della Ue a 15 dalla Cina si è quasi quadruplicato, passando da 30 a 118 miliardi di euro, mentre l'import complessivo della Ue dall'Italia è cresciuto soltanto da 100 a 138 miliardi. In altri termini come fornitori dell'Europa otto anni fa eravamo oltre 3 volte più importanti della Cina, mentre nel 2004 il rapporto di forza a nostro vantaggio si è ridotto a meno di 1,2. Ed è molto probabile che nel 2005 la Cina sorpasserà l'Italia come fornitrice della Ue a 15.

Più in dettaglio, osserviamo che dal 1996 al 2004 la concorrenza cinese in Europa a danno dell'Italia ha toccato direttamente ben 21 dei primi 40 prodotti che presentano i più elevati saldi attivi nella bilancia commerciale italiana. In tali 21 prodotti l'import della Ue a 15 dall'Italia è cresciuto tra il 1996 e il 2004 solo del 23% (da 17 a 20,9 miliardi di euro), mentre l'import europeo dalla Cina degli stessi prodotti è aumentato del 251% (da 5,2 a 18,1 miliardi). Non sono dunque solo il tessile-abbigliamento e le calzature italiane a risultare colpiti dalla concorrenza cinese, ma anche la meccanica, il mobilio, i materiali per l'edilizia e persino i prodotti alimentari. Ciò avviene sia in Europa sia nel resto del mondo (soprattutto negli USA, Sudamerica, Paesi arabi).

Valgano alcuni esempi analizzati sullo scenario europeo. La seconda voce attiva del commercio estero italiano è rappresentata dai mobili e dalle cucine (esclusi divani e sedie), di cui siamo i primi esportatori mondiali. In questa categoria di prodotti l'Italia nel 1996 era quasi 13 volte più importante della Cina come fornitrice dell'Europa. Ma tra il 1996 e il 2004 l'import europeo di mobili e cucine dal Paese asiatico è aumentato del 915%. Oggi pertanto l'Italia è solo 1,6 volte più importante della Cina per gli acquirenti europei di mobilio.

La terza voce attiva della bilancia commerciale italiana del 2004 è costituita dalle calzature in pelle, in cui pure l'Italia è il primo Paese esportatore al mondo. In questo caso il preesistente regime delle quote europee sull'import cinese aveva sinora frenato le importazioni di questa categoria di calzature dalla Cina, che tra il 1996 e il 2004 sono aumentate a livello di Ue a15 «solo» del 265%. Ma a partire dal 1° gennaio 2005, con la fine del regime delle quote, anche nel settore delle calzature in pelle (che rappresentano in valore oltre l'80% della produzione italiana) è iniziata l'invasione europea da parte delle calzature cinesi a basso costo. Il rapporto di forza tra Italia e Cina in Europa nelle calzature in pelle, che nel 1996 era di 11:1 e che era già sceso a 3:1 nel 2004, senza la rapida attivazione di misure europee anti-dumping o di salvaguardia è destinato rapidamente a modificarsi a nostro svantaggio nel 2005-2006, con una fortissima perdita di quote di mercato per i produttori italiani.

La quarta voce attiva del commercio estero italiano, l'oreficeria-gioielleria (altro settore in cui l'Italia è leader mondiale), è anch'essa gravemente condizionata dalla concorrenza asimmetrica cinese. Tra il 1996 e il 2004 l'import europeo dalla Cina di gioielli è cresciuto del 482%, mentre quello dall'Italia è stato, nel corso del periodo analizzato, pressoché stazionario. Conseguentemente il rapporto di forza tra Italia e Cina in Europa nel settore orafo è crollato da 11:1 a 2:1.

Per ciò che riguarda le sedie e i divani (sesta voce attiva della bilancia commerciale italiana e altro comparto in cui l'Italia è leader tra gli esportatori mondiali) le cose sono andate anche peggio. Tra il 1996 e il 2004 l'import europeo di sedie e divani dalla Cina è aumentato del 1464%. Nel 1996 eravamo quasi 18 volte più importanti della Cina come fornitori di poltrone e sedie agli europei; oggi lo siamo solo di 1,6 volte.

Non meglio è andata alla rubinetteria e al valvolame, in cui l'Italia è ugualmente leader a livello mondiale. Questa voce è l'ottava per importanza per il nostro Paese a livello di saldo attivo con l'estero. Tra il 1996 e il 2004 l'import europeo dalla Cina di rubinetti e valvole è aumentato del 1358% e oggi la Cina rappresenta ormai 617 milioni di euro di vendite all'Europa in questo settore contro gli 1,7 miliardi dell'Italia. Il rapporto di forza tra noi e i cinesi è passato in 8 anni da 27:1 a 2,7:1.

La concorrenza cinese sta «mordendo» l'Italia anche nel settore dei frigoriferi e dei congelatori (12ª voce attiva del nostro commercio estero), nelle pompe e nei compressori (14ª voce attiva per l'Italia) e negli abiti femminili (15ª voce attiva). In quest'ultimo caso la situazione sta precipitando dopo la fine dell'Accordo Multifibre e andrebbero applicate al più presto le clausole di salvaguardia previste dal WTO. Si deve prendere atto della lentezza di decisione del Commissario al commercio europeo Mandelson che sta danneggiando notevolmente i produttori italiani e di altri Paesi europei. E la moratoria concessa dalla Cina è puramente simbolica.

Anche le pietre ornamentali italiane subiscono la concorrenza «drogata» della Cina. In questo settore l'Italia nel 1996 era 33 volte più importante della Cina come fornitrice dell'Europa. Ma tra il 1996 e il 2004 l'import europeo di pietre ornamentali dalla Cina è cresciuto di quasi 1900%. E oggi l'Italia è appena 1,3 volte più importante della Cina come Paese di origine degli acquisti europei.

In molti altri settori fondamentali per l'industria italiana e per il nostro commercio estero la crescita dell'import europeo dalla Cina tra il 1996 e il 2004 è stata formidabile, con grave detrimento per le quote di mercato dei produttori italiani. L'import europeo dalla Cina è aumentato nel corso degli ultimi 8 anni del 1897% per le pompe per liquidi (19ª voce attiva della bilancia commerciale italiana), del 316% per i piccoli elettrodomestici (21ª v. a.), del 562% per i lavori in ferro e acciaio diversi (22ª v. a.), del 141% per gli articoli in materie plastiche diversi (25ª v. a.), del

1098% per le guarnizioni e la ferramenta (28ª v. a.), del 94% per la pelletteria (31ª v. a.), del 1118% per le macchine utensili per il legno (32ª v. a.), del 328% per le lampade e l'illuminotecnica (34ª v. a.).

Incrementi più «contenuti» si sono registrati tra il 1996 e il 2004 per le importazioni europee dalla Cina di varie categorie di prodotti di abbigliamento (maglioni e pullover, vestiti da uomo) tutelati dalle quote dall'Accordo Multifibre, che però ora non è più in vigore, ragion per cui dal 1° gennaio 2005 anche per questi prodotti si è assistito a una vera e propria invasione cinese, che solo le clausole di salvaguardia, se adottate tempestivamente, potrebbero arginare.

Non solo: l'import europeo di occhiali dalla Cina tra 1996 e il 2004 è cresciuto del 213%. E non sfuggono alla morsa cinese nemmeno i preparati di pomodoro (37ª nostra voce attiva con l'estero): in questo settore l'import europeo dalla Cina è aumentato negli ultimi 8 anni del 1064%. Nel 1996 eravamo oltre 50 volte più importanti della Cina come fornitori del mercato europeo. Oggi lo siamo solo di 5 volte.

Nel complesso, tra il 1996 e il 2004, la Cina ha sottratto all'Italia, al livello della Ue a 15, circa 13 miliardi di euro di quote di mercato solo sui 21 prodotti esaminati. La Cina minaccia oggi pressoché tutti i nostri principali settori di specializzazione. La guerra commerciale tra Cina e Italia non è solo minacciata. È già iniziata. E si estenderà presto agli altri Paesi europei.

ADDENDUM

Che fare? Un programma per reagire

Il problema dell'Europa non si chiama «Trattato che adotta una Costituzione per l'Europa» o «Patto di stabilità e di crescita» o «Grandi orientamenti di politica economica (GOPE)» o «Agenda di Lisbona» o «Bilancio comunitario». Il nostro problema è una nuova epoca che si apre.

Molte speranze non sono ancora realizzate. Ma molte minacce sono incombenti.

Le colpe non sono altrui. Sono nostre.

In Europa non è più il tempo dell'ottimismo, delle garanzie e delle promesse. È il tempo degli impegni e dei doveri.

Non ci servono soluzioni buone per il passato. Ci servono soluzioni buone per il futuro.

La politica, espulsa dal mercato globale e sublimata prima, per poi essere cristallizzata in Europa, deve ritrovare il sogno, la fede nella sua capacità di risolvere i problemi. Il «fantasma della povertà» può essere battuto. Ma dobbiamo ritrovare in Europa la capacità di governare il nostro continente nel nuovo spazio, nel nuovo tempo. Dobbiamo ritrovare il *nomos* della terra.

Per farlo serve un nuovo programma. Un programma europeo, non di destra e non di sinistra. Concreto e compatibile tanto con i mezzi politici che abbiamo, quanto con i problemi che avanzano.

Un programma che parta dal basso, dall'economia. Ma che sia leggibile e comprensibile da tutti. E certo criticabile e modificabile. Ma almeno un programma. Idee diverse, ma nuove, sono comunque benvenute.

Se la politica non fa questo, che cosa fa?

I politici europei si distribuiscono su tre cerchi. Nel primo cerchio stanno quelli che non hanno capito. Nel secondo cerchio stanno quelli che hanno capito i nuovi problemi, ma pensano di superarli usando ancora strumenti vecchi. Nel terzo cerchio stanno infine i politici che non solo hanno capito i problemi nuovi, ma anche pensano di risolverli usando strumenti nuovi.

In Europa abbiamo già fatto molte e anche serie riforme strutturali del Welfare State. Non basta. Ora dobbiamo guardare soprattutto ai fattori della produzione.

Quanto segue è breve e può sembrare poco. Ma non è solo possibile. È moltissimo. Se davvero attuato può infatti cambiare il corso della politica in Europa. Su questa base di ripartenza, tutto il resto può infatti seguire.

Un nuovo programma europeo può essere sviluppato su sette punti. Più una «provocazione».

• *Primo punto: primum vivere!*

L'Europa deve guadagnare tempo, per ristrutturarsi. Come minimo, l'Europa deve fare come fanno gli USA, che si preoccupano soprattutto della tutela dei loro interessi economici.

Se non basta (non basta), in materia di protezione del lavoro e della produzione l'Europa

– deve (può) smettere di applicare regole solo sui prodotti delle imprese europee, senza chiedere standard equivalenti su quelli importati da fuori;

– deve (può) pretendere l'applicazione universale delle «clausole sociali» e delle «clausole ambientali» a tutela del lavoro e dell'ambiente. È in specie essenziale pretendere l'allineamento tra circolazione delle merci e tutela dei diritti;

– deve (può) introdurre un'IVA perequativa sulle importazioni dai Paesi che producono in violazione di queste regole.

Se non basta (basta) l'Europa può, in analogia alle prescrizioni delle leggi USA di attuazione degli Accordi del GATT/WTO, prospettare la sua uscita unilaterale se l'applicazione di quelle regole può arrecare un serio pregiudizio o reiterare restrizioni all'operatività delle imprese europee.

• *Secondo punto: codici europei*

Sulle imprese e sul lavoro, sulle società e sui prodotti europei incide, per ragioni insieme ideologiche, politiche, economiche, un elevatissimo *quantum* di regolamentazione e dunque di costi. Quasi sempre artificiali o comunque non più sostenibili. Non è così, nel resto del mondo. Ciò che ne deriva per l'Europa non è competizione a parità di condizioni (*at arm's length*). È l'esatto opposto.

Non si può più ragionare «Europa su Europa». Non si può pensare o pretendere che sia il resto del mondo a adottare le regole europee. L'Europa deve (può) rinunciare al disegno di una società perfetta e di un mercato perfetto.

Il benessere non si crea per legge. Piuttosto, per legge lo si può distruggere.

In senso *quantitativo*, dobbiamo ridurre la quantità assoluta della nostra regolamentazione, europea e nazionale.

Le regole fondamentali sono un investimento. Ma le regole artificiali sono un costo.

In senso *qualitativo*, dobbiamo essere meno utopisti e più realisti.

Ne uscirà il disegno di un mercato e di una società forse meno perfetti, in astratto; ma più efficienti, in concreto.

Per competere serve infine una nuova e malthusiana politica legislativa. Il *corpus* giuridico europeo non può essere esteso ogni giorno. Ma all'opposto deve essere ridotto all'essenziale necessario, attraverso un'opera di *codificazione* dei testi giuridici fondamentali. E basta.

- *Terzo punto: attrazione di capitali esterni*

L'Europa deve (può) generalizzare il modello dell'Irlanda: tassazione zero (o di assoluto favore) per i nuovi investimenti esteri operati in settori industriali e in aree geografiche strategici per lo sviluppo.

• *Quarto punto: emissione di Euro-bond*

Possiamo (dobbiamo) incassare il dividendo di Maastricht, capitalizzando e sfruttando la forza patrimoniale e la fiducia raccolta ed espressa dall'euro sui mercati finanziari.

Ai limiti imposti sulle politiche di bilancio nazionali dal Trattato di unione monetaria può (deve) corrispondere un *piano europeo di investimenti pubblici e privati* in settori strategici per lo sviluppo, finanziati da emissioni europee di Euro-bond. Riprendendo e aggiornando lo schema del cosiddetto «Piano Delors».

Solo così, con una nuova e vasta spinta allo sviluppo industriale, possiamo riprendere a competere nel mondo.

Per realizzare questo programma può essere sufficiente una diversa interpretazione e applicazione dei vecchi strumenti giuridici. O può essere necessaria la creazione di strumenti nuovi.

Non è questo e non può essere questo un ostacolo, data la dimensione drammatica dei problemi che abbiamo. Con una specifica finale: gli Euro-bond non sarebbero solo uno strumento finanziario, sarebbero soprattutto uno strumento politico. Qualcosa di nuovo, qualcosa di «europeo». Anche gli Stati Uniti d'America partono con il debito pubblico di Hamilton.

• *Quinto punto: una politica industriale europea*

In Europa, la politica industriale o è europea o non è. L'Europa deve fermare l'uso indiscriminato dei suoi strumenti anti-aiuti di Stato e anti-trust.

Questi vanno usati solo contro i sussidi puri e contro i cartelli veri. Non contro le operazioni che fanno crescere le industrie e il mercato europeo.

• *Sesto punto: spostare l'asse del prelievo fiscale, dalle persone alle cose*

Viviamo nell'età del consumismo, ma continuiamo ancora a pagare le imposte dell'idealismo. Le imposte personali.

Si può dunque (si deve) spostare l'asse del prelievo fiscale, dalle persone alle cose. Solo così infatti i sistemi fiscali possono tenere, nell'età della globalizzazione. Questa filosofia politica, esposta da chi scrive, per la prima volta in sede tecnica nel 1991, e poi esposta in sede politica nel 1994, è ora necessaria. Ma ora è possibile solo su scala e nella dimensione europea.

• *Settimo punto: una politica demografica europea*

Una quota non simbolica del bilancio europeo deve essere dirottata sulle *famiglie* e sulla *società*.

Deve (può) essere introdotto un «libretto» europeo, che funzioni come una dote per i neonati, per intervenire (nei limiti di ciò che è possibile per scelta politica) sulla natalità e dunque sulla demografia. E poi ancora una *detax* (simile per esempio al nostro 8 x 1000) a favore del non-profit e della ricerca scientifica.

Infine, la «provocazione». L'Europa, tanto a livello di singoli Stati, quanto a livello aggregato, è soffocata da un eccesso di regole. Segmentata e bloccata quasi come in un nuovo Medioevo. Smontarla dall'interno è quasi impossibile.

Il «nodo di Gordio» non si scioglie. Si taglia.

E allora? Come imprimere all'economia europea il necessario effetto-spinta? Finora è quasi tutto vietato, tranne ciò che è consentito, ma può essere comunque a sua volta vietato. Salvo solo la fuga nel nero o nel sommerso. Questo schema va rovesciato. Come? Prevedendo che in Europa per cinque anni ogni iniziativa economica è libera, escluso solo ciò che è vietato dalla legge penale.

Per avere un pezzo di futuro dobbiamo rinunciare ad un pezzo di passato.

Il tempo è sostanza. Il tempo dell'Europa non è ancora scaduto.

«Rischi fatali»
di Giulio Tremonti
Collezione Frecce

Arnoldo Mondadori Editore S.p.A.

Questo volume è stato impresso
nel mese di settembre dell'anno 2005
presso Mondadori Printing S.p.A.
Stabilimento NSM - Cles (TN)

Stampato in Italia - Printed in Italy